Willy Louise Stam Prahl

Tiermasken selbst basteln

Mit Vorlagen in Originalgröße

Weltbild

INHALT

VORWORT	3
SCHABLONEN	4
ZUSAMMENSETZEN DER MASKE	8
TEDDY	10
PANDA	12
BÄR UND TEDDYBÄR	14
LÖWE	17
TIGER	20
LEOPARD UND SCHWARZER PANTHER	24
ZEBRA	28
PFERD	32
KROKODIL	35
FLUSSPFERD	38
NASHORN	40
ADLER	44

VORWORT

Das Grundmodell für die Masken dieses Buches entwickelte ich vor fast zehn Jahren, weil wir in dem Kindergarten, in dem ich arbeitete, Kostüme für die Aufführung „Die Tiere im Hackebackewald" machen sollten.

Die ersten Masken, die ich bastelte, waren übliche Gesichtsmasken, aber als wir übten sah ich, dass die Kinder die Masken hochschoben, weil sie dann besser sehen und atmen konnten. Deshalb begann ich von neuem und entwickelte einige Masken, die wie „Schirmmützen" getragen werden konnten. Auf diese Modelle ist das Buch aufgebaut.

Später wurde das Modell weiterentwickelt, so dass es viele andere Tiere als die aus dem „Hackebackewald" umfasste, und die Masken wurden für das Dramatisieren von Liedern und Singspielen, als Geburtstagsgeschenke und für Karneval und Fasching verwendet.

Als ich das erste Mal die „wilden" Tiermasken mit den Kindern ausprobierte, hatte ich das Gefühl, dass eine Horde wilder Tiere den Kindergarten stürmte. Sie sind also hiermit gewarnt!

Alle Masken des Buches sind recht einfach herzustellen, da für die meisten Modelle drei Basisschablonen verwendet werden, und diese werden mit verschiedenen losen Teilen, die bei den einzelnen Modellen gezeigt werden, kombiniert.

Für die Herstellung der Masken werden nicht viele Materialien und Werkzeuge benötigt – hier eine kurze Beschreibung:

Die Masken werden aus *farbigem Karton (Tonkarton)*, der in den meisten Buchhandlungen und in Bastelläden erhältlich ist, mit einer *Papierschere* ausgeschnitten. Für die Augeniris der Tiere kann Regenbogenpapier verwendet werden, ebenfalls in Bastelläden erhältlich.

Die Faltlinien, die als gestrichelte Linien erkennbar sind, müssen mit einer *Stricknadel* angeritzt werden, bevor sie gefaltet werden. Außerdem wird ein ca. 30 - 40 mm breites Gummiband zum Zusammenhalten eines Stirnbandes im Inneren der Maske benötigt. Das Gummiband wird mit einem *Heftgerät* befestigt.

Für das Kleben der Modelle verwende ich Bastelkleber, der schnell und klar austrocknet und bei dem die Klebung sich noch einige Sekunden korrigieren lässt.

Für die Übertragung der Schablonen kann Pergamentpapier oder ein Fotokopierer verwendet werden.

Viel Spaß beim Basteln!

Willy Louise Stam Prahl, Oktober 1999

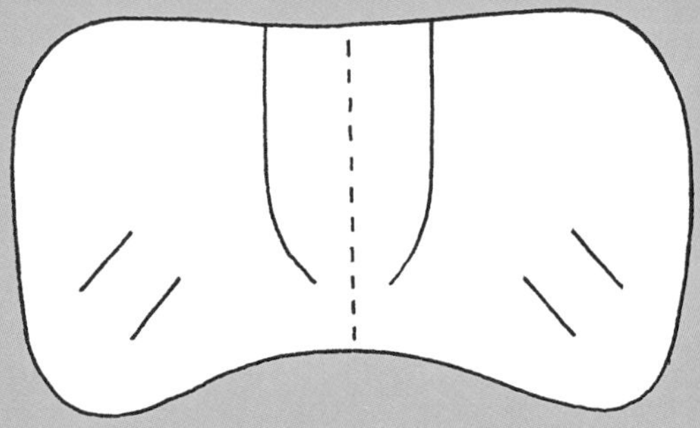

GRUNDFORM

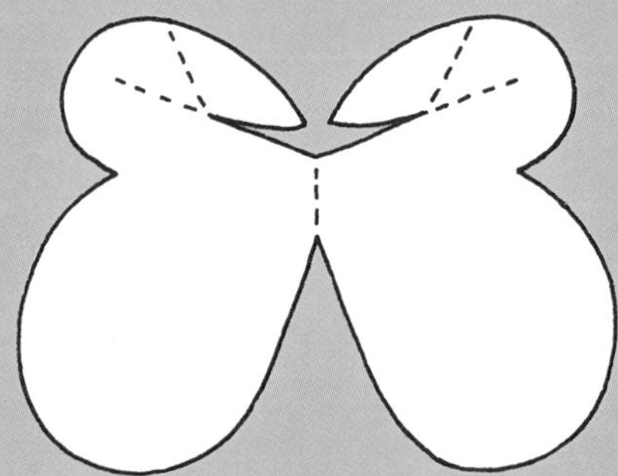

HINTERKOPF

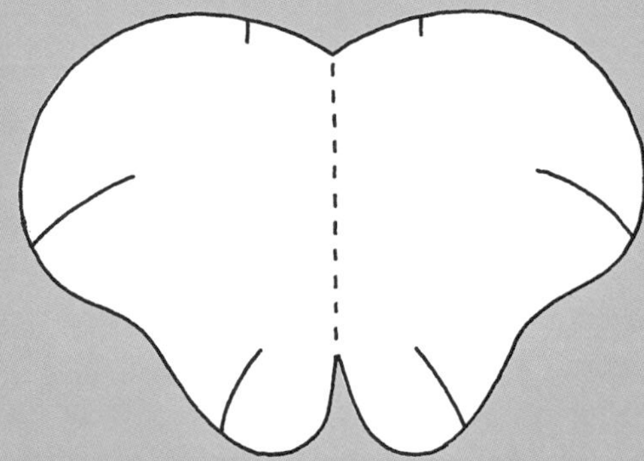

GESICHT

SCHABLONEN

Für die meisten Modelle des Buches werden drei Basisschablonen wie oben abgebildet benötigt. Auf den nächsten Seiten werden die halben Schablonen in voller Größe gezeigt. Über die Basisschablonen hinaus werden die charakteristischen Merkmale der Tiere mit Hilfe von z. B. Nasenrücken, Augen, Schnauze und variierenden Ohren geschaffen. Die Schablonen hierfür sind bei den jeweiligen Anleitungen der verschiedenen Modelle zu finden.

Die Schraffierungen auf den Schablonen geben an, wo geklebt werden soll.

Übertragung der Schablonen

- Die Schablonen auf Pergamentpapier oder anderes durchsichtiges Papier durchzeichnen. Die Schablonen können auch fotokopiert werden.
- Den Karton doppelt falten, und das Schablonenpapier mit Kohlepapier dazwischen auf den Karton legen. Es ist wichtig, dass die gestrichelte Linie auf dem Schablonenpapier und die Faltlinie des Kartons fluchten. Dieses gilt jedoch nicht für Augen und andere Kleinteile, die als ganze Schablonen gezeigt werden.
- Die äußeren Linien der Schablonenformen auf den Karton durchzeichnen und ausschneiden.
- Das Schablonenpapier über den Karton legen (ohne das Kohlepapier) und alle Einschnitte und Faltlinien durch Anritzen mit einer Stricknadel übertragen. Auf diese Weise werden sichtbare Striche auf dem Karton vermieden.

Falls mehrere Schablonen gebastelt werden sollen, kann es vorteilhaft sein, Basisschablonen aus stärkerem Karton oder Pappe herzustellen, die zum Nachzeichnen verwendet werden können. Die Einschnitte werden so breit geschnitten, dass gerade noch eine Bleistift- oder Kugelschreiberspitze in den Schnitt hineinpasst.

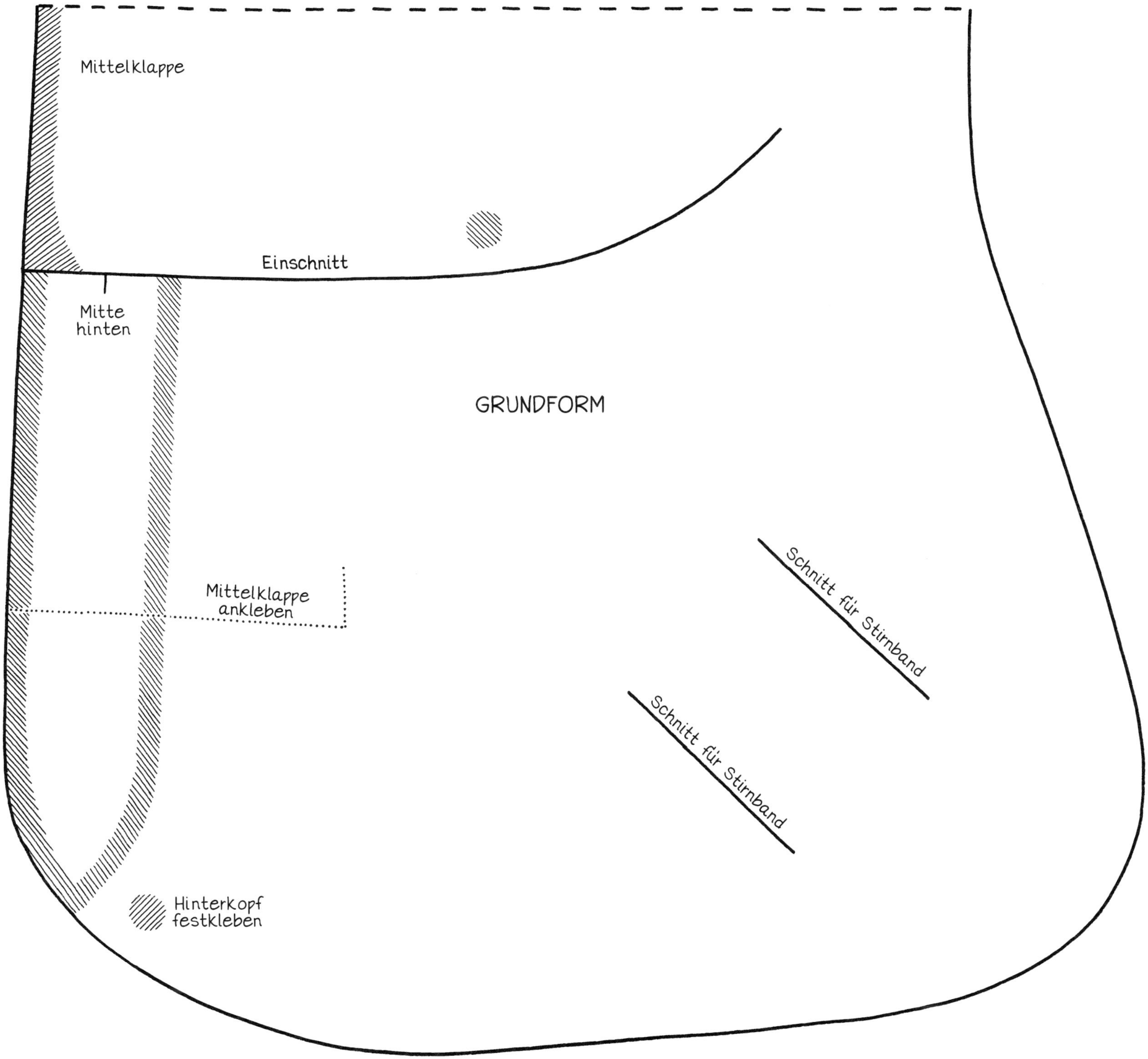
Mittelklappe
Einschnitt
Mitte
hinten
GRUNDFORM
Mittelklappe
ankleben
Schnitt für Stirnband
Schnitt für Stirnband
Hinterkopf
festkleben

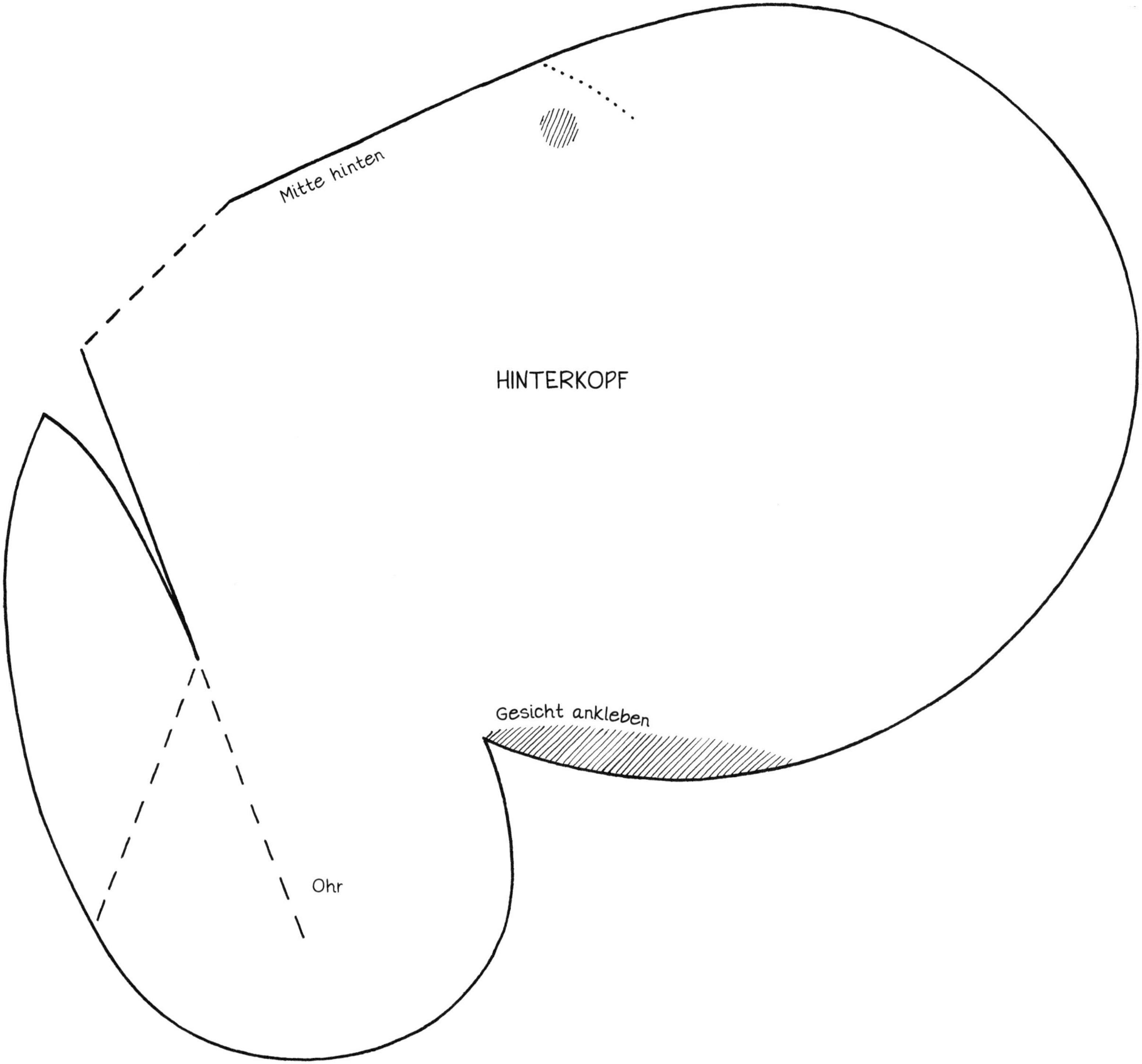
Mitte hinten
HINTERKOPF
Gesicht ankleben
Ohr

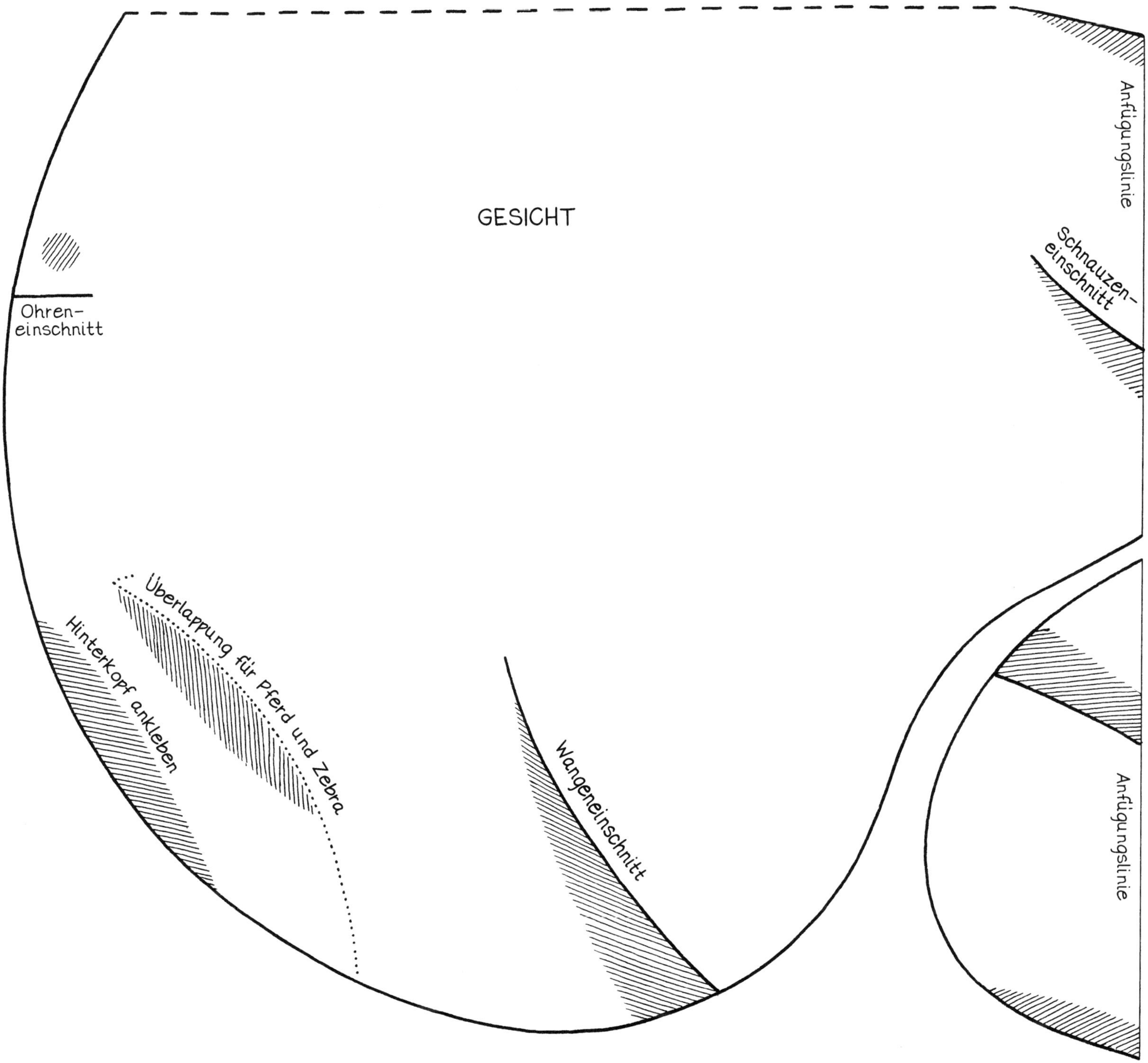
GESICHT
Anfügungslinie
Schnauzen-
einschnitt
Ohren-
einschnitt
Überlappung für Pferd und Zebra
Hinterkopf ankleben
Wangeneinschnitt
Anfügungslinie

ZUSAMMENSETZEN DER MASKE

Hier wird erklärt, wie die drei Basisschablonen zu einer Grundmaske zusammengesetzt werden.

Grundform

- Die Schablone für die Grundform ist auf Seite 5.
- Bitte daran denken, die Schnitte für das Stirnband zu schneiden.
- Die Grundform mit ca. 3 cm Überlappung hinten zusammenkleben wie auf dem Bild links gezeigt.
- Danach die Mittelklappe wie auf dem mittleren Bild gezeigt festkleben. Auf der Schablone ist markiert, wie weit die Mittelklappe herunterreichen soll.

Hinterkopf

- Die Schablone für den Hinterkopf ist auf Seite 6.
- Die gestrichelten Linien anritzen und falten.
- Die Ohrklappen in die Ritzen der Grundform wie auf dem rechten Bild gezeigt hineinstecken.
- Danach den Hinterkopf an den Nacken der Grundform wie auf der Schablone markiert festkleben. Soll Karton gebogen werden, ist es empfehlenswert, ihn über eine Tischkante zu ziehen. Auf diese Weise wird vermieden, dass der Karton knickt.

Einige Tiere des Buches haben größere Ohren, als sie auf der Basisschablone für den Hinterkopf gezeichnet sind. Diese Ohren, die dann bei den verschiedenen Modellen zu sehen sind, werden beim Zeichnen des Hinterkopfes verlängert.

Gesicht

Die Basisschablone für das Gesicht auf Seite 7 hat aufgezeichnete Einschnitte an den Wangen und an der Schnauze; diese sollen aber nur geschnitten und zusammengeklebt werden, wenn es in der betreffenden Modellbeschreibung erwähnt wird.

Bevor die Gesichtsform zusammengesetzt und auf die Grundform geklebt wird, sollen eventuelle Tiermuster in Form von Strichen oder Flecken darauf gezeichnet werden.

- Die Schnauze zusammenkleben wie auf dem linken Bild gezeigt. Auf dem Bild ist auch zu sehen, wie die eventuellen Wangen- und/oder Schnauzeneinschnitte zusammengeklebt werden.
- Am oberen Teil des Gesichts Klebstoffkleckse neben den kleinen Einschnitten für die Ohren verteilen, siehe Schraffierungen auf der Schablone.
- Den oberen Teil des Gesichts an die Grundform festkleben durch Hineinschieben der Ohren in die Einschnitte wie auf dem mittleren Bild gezeigt.
- Danach den Hinterkopf und das Gesicht an den Seiten wie auf den Schablonen markiert zusammenkleben.

Stirnband

- Einen 4 cm breiten und 40 - 50 cm langen Kartonstreifen schneiden.
- Ein ca. 10 cm langes Stück Gummiband an das eine Ende des Kartonstreifens anheften.
- Probieren, ob das Stirnband um den Kopf des Maskenträgers herum passt, und dann den Kartonstreifen in passender Länge abschneiden.
- Das freie Ende des Kartonstreifens durch die Einschnitte der Grundform stecken – das Gummiband soll hinten sein.
- Danach das freie Ende des Streifens und das Gummiband zusammenheften (Abb. rechts).
- Den Streifen eventuell zwischen den Einschnitten der Grundform festheften oder festkleben.
- Jetzt ist die Maske fertig und kann auf den Kopf gesetzt werden.

TEDDY

- Die Grundmaske wie auf Seite 8 und 9 erklärt zusammensetzen. Im Gesicht die Einschnitte an Schnauze und Wangen schneiden.
- Die übrigen Teile nach den Schablonen der nächsten Seite ausschneiden und daran denken zu markieren, wo die Augen am Nasenrücken festgeklebt werden sollen.
- Die Schnauzenspitze des Nasenrückens zusammenkleben.
- Am oberen Teil des Nasenrückens Klebstoffkleckse neben den kleinen Einschnitten für die Ohren verteilen, siehe Schraffierungen auf der Schablone.
- Den oberen Teil des Nasenrückens an das Gesicht festkleben durch Hineinschieben der Ohren in die Einschnitte.
- Die Augen zusammensetzen, aber die kleinen weißen Leuchtpunkte erst aufkleben, wenn die Augen angeklebt sind. Dann ist es leichter zu sehen, wo sie platziert werden sollen.
- Die Augen ankleben.
- Die Schnauze zusammenkleben, Klebstoff auf die Innenseite des unteren Teils verteilen und die Schnauze festkleben.
- Die Zunge ankleben wie auf der Schablone markiert.
- Leuchtpunkte auf Augen und Schnauze kleben. Das Stirnband wie auf Seite 9 erklärt einsetzen.

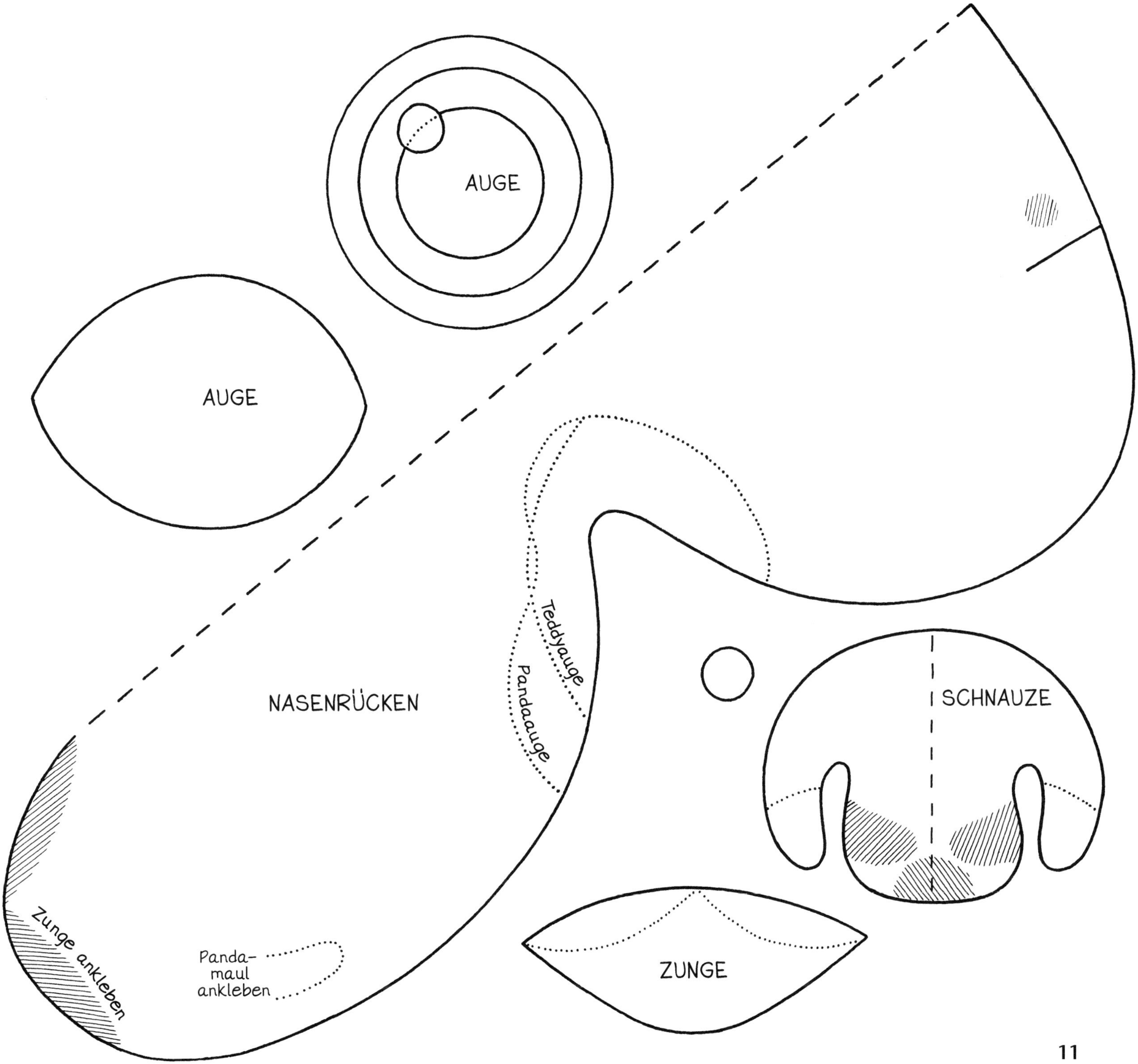
AUGE
AUGE
NASENRÜCKEN
Teddyauge
Pandaauge
SCHNAUZE
Zunge ankleben
Panda-
maul
ankleben
ZUNGE

PANDA

- Die Grundmaske wie auf Seite 8 und 9 erklärt zusammensetzen. Im Gesicht die Einschnitte an Schnauze und Wangen schneiden. Bevor die Maske zusammengesetzt wird, werden die schwarzen Ohren auf jede Seite der Ohren des Hinterkopfes geklebt, siehe Zeichnung auf der nächsten Seite.
- Die übrigen Teile nach den Schablonen der nächsten Seite ausschneiden und daran denken zu markieren, wo die Augen am Nasenrücken festgeklebt werden sollen. Die Schablone für den Nasenrücken ist auf der vorigen Seite.
- Die Schnauzenspitze des Nasenrückens zusammenkleben.
- Am oberen Teil des Nasenrückens Klebstoffkleckse neben den kleinen Einschnitten für die Ohren verteilen, siehe Schraffierungen auf der Schablone.
- Den oberen Teil des Nasenrückens an das Gesicht festkleben durch Hineinschieben der Ohren in die Einschnitte.
- Die Augen zusammensetzen, aber die kleinen weißen Leuchtpunkte erst aufkleben, wenn die Augen angeklebt sind. Dann ist es leichter zu sehen, wo sie platziert werden sollen.
- Die Augen ankleben.

- Leuchtpunkte auf die Augen kleben.
- Das Maul unten am Nasenrücken wie auf dem Bild gezeigt und auf der Schablone markiert ankleben.
- Nasenlöcher auf die Schnauze kleben.
- Die Schnauze mit Klebstoff auf beiden Seiten wie auf der Schablone markiert ankleben. Die Schnauze soll gebogen sein wie auf dem Bild gezeigt.
- Das Stirnband wie auf Seite 9 erklärt einsetzen.

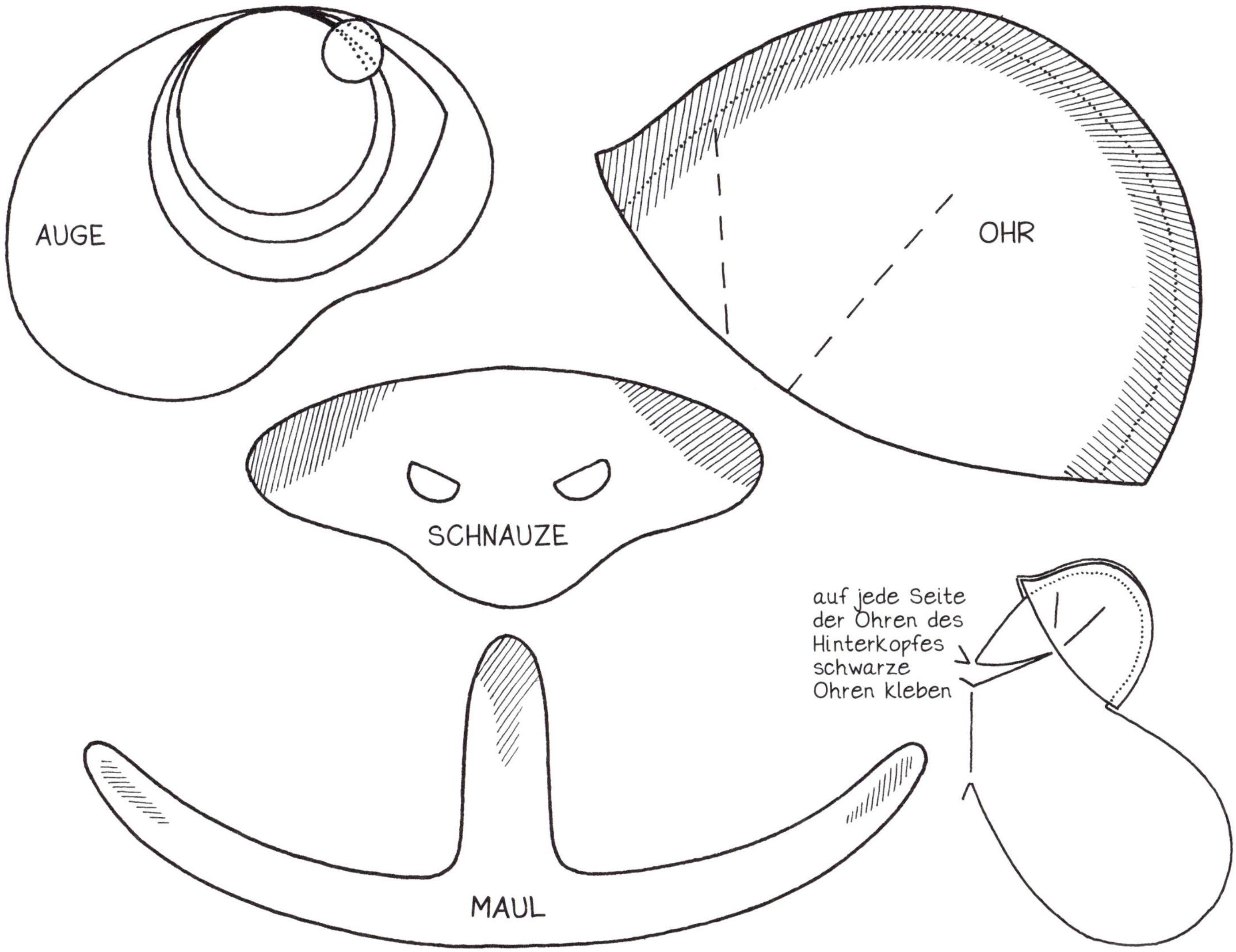

BÄR UND TEDDYBÄR

Die zwei Masken werden auf die gleiche Weise hergestellt, abgesehen davon, dass die Platzierung der Augen unterschiedlich ist. Außerdem hat der Teddybär ein Maul und gezeichnete Ziernähte entlang den Kanten. Die Ziernähte werden aufgezeichnet, bevor die Grundmaske zusammengesetzt wird.

- Die Grundmaske wie auf Seite 8 und 9 erklärt zusammensetzen. Im Gesicht keine Einschnitte an Wangen oder Schnauze schneiden.
- Die übrigen Teile nach den Schablonen der nächsten zwei Seiten ausschneiden.
- An den oberen Ecken des Nasenrückens Klebstoffkleckse verteilen, siehe Schraffierungen auf der Schablone.
- Die Ohren in die Einschnitte des Nasenrückens schieben, den oberen Teil zum Nacken hin biegen und dort festkleben.
- Die Augen zusammensetzen, aber die kleinen weißen Leuchtpunkte erst aufkleben, wenn die Augen angeklebt sind. Dann ist es leichter zu sehen, wo sie platziert werden sollen.
- Die Augen ankleben wie auf den Bildern gezeigt.
- Die Einschnitte der Schnauzenpartie zusammenkleben.

- Die Schnauzenpartie an das Gesicht ca. 12 cm unter den Ohreneinschnitten festkleben, den Klebstoff wie auf der Schablone markiert verteilen.
- Das Maul des Teddybären ankleben wie auf dem Bild gezeigt und auf der Schablone markiert.
- Die Schnauze zusammenkleben, Klebstoff auf die Innenseite des oberen Teils verteilen und die Schnauze festkleben.
- Schnurrhaarpunkte auf die Schnauzenpartie des braunen Bären zeichnen wie auf dem Bild gezeigt.
- Leuchtpunkte auf Augen und Schnauze kleben.
- Das Stirnband wie auf Seite 9 erklärt einsetzen.

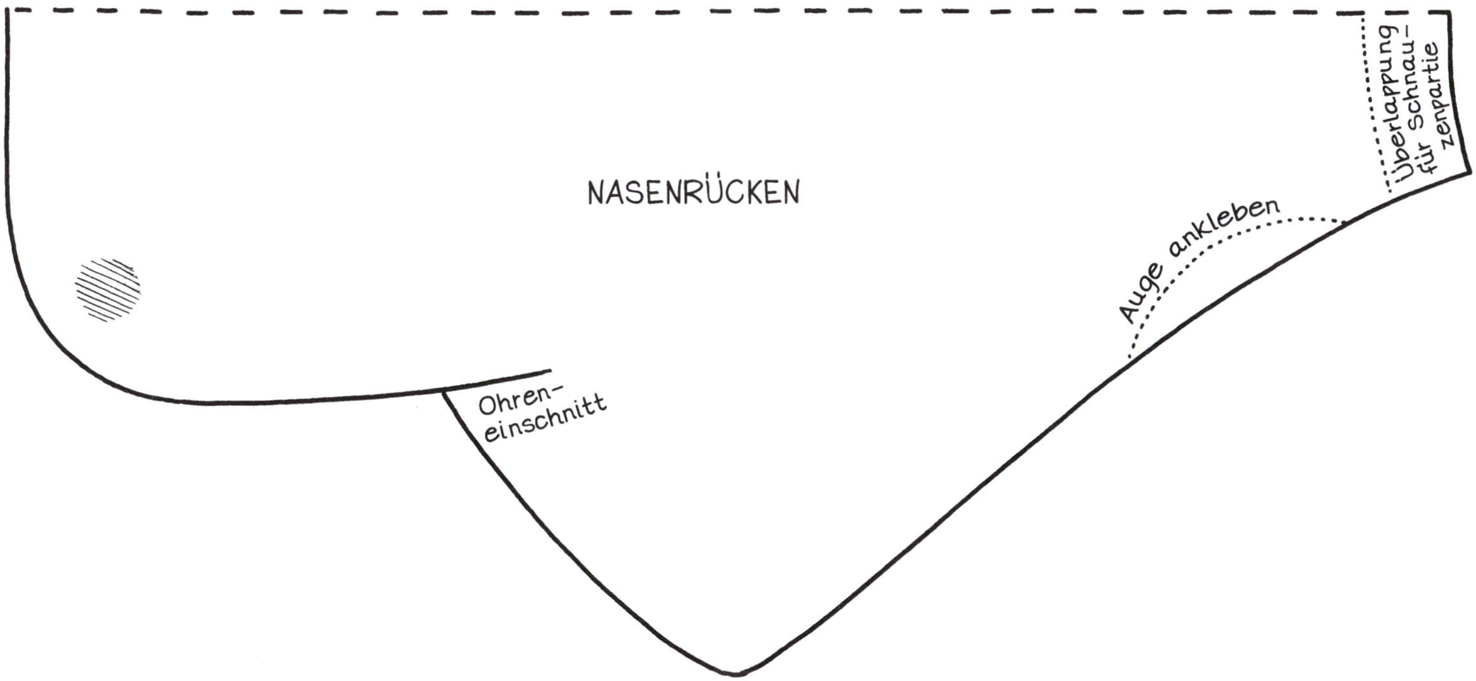

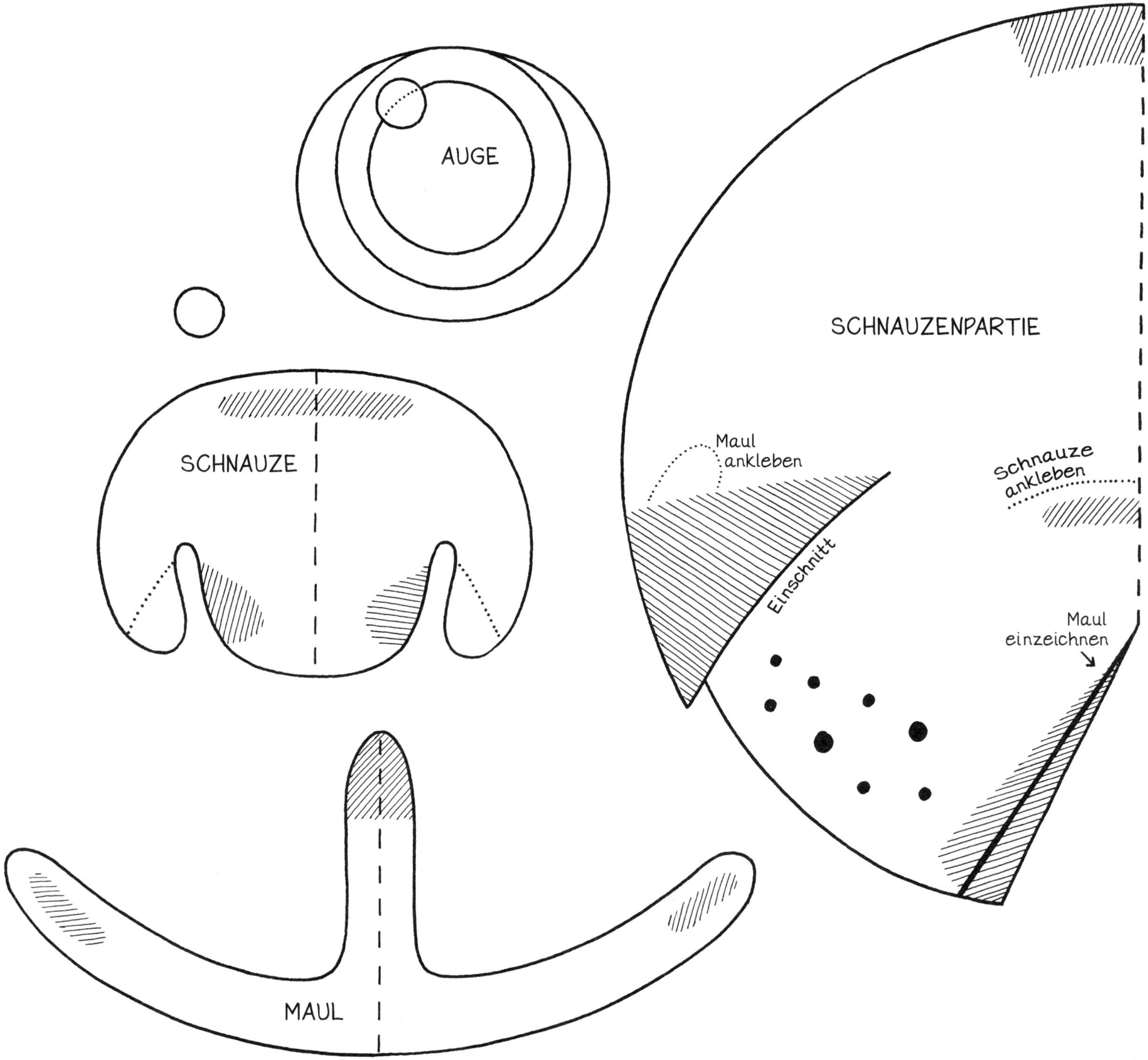
AUGE
SCHNAUZENPARTIE
SCHNAUZE
Maul ankleben
Schnauze ankleben
Einschnitt
Maul einzeichnen
MAUL

LÖWE

- Die Grundmaske wie auf Seite 8 und 9 erklärt zusammensetzen. Im Gesicht keine Einschnitte an Wangen und Schnauze schneiden.
- Die übrigen Teile nach den Schablonen der nächsten zwei Seiten ausschneiden und daran denken zu markieren, wo die Augen unter dem Nasenrücken festgeklebt werden sollen.
- Die Augen zusammensetzen, aber die kleinen weißen Leuchtpunkte erst aufkleben, wenn die Augen angeklebt sind. Dann ist es leichter zu sehen, wo sie platziert werden sollen.
- Die Augen unter den Nasenrücken festkleben.
- Leuchtpunkte auf die Augen kleben.
- Am oberen Teil des Nasenrückens Klebstoffkleckse neben den kleinen Einschnitten für die Ohren verteilen, siehe Schraffierungen auf der Schablone.
- Den oberen Teil des Nasenrückens an das Gesicht festkleben durch Hineinschieben der Ohren in die Einschnitte.
- Die Schnauzenspitze des Nasenrückens zusammenkleben.
- Die Seiten der Schnauze am Nasenrücken festkleben wie auf dem Bild gezeigt und auf der Schablone markiert.
- Unteren Teil der Schnauze an das Gesicht festkleben.
- Schnurrhaarpunkte ausschneiden und mit ca. 3 mm breiten und 8 - 10 cm langen Kartonstreifen als Schnurrhaare darunter festkleben.

- Die zwei Gesichtsmähnen von den Ohren bis zu den Kiefern an das Gesicht festkleben.
- Zwei Haarbüschel über jede Wange festkleben, so dass sie über die Mähne hinausreichen.
- Danach die Koteletten wie auf dem Bild gezeigt ankleben.
- Noch zwei Haarbüschel auf jede Seite des Nasenrückens unterhalb der Ohren wie auf dem Bild gezeigt festkleben.
- Den letzten Haarbüschel an den Hinterkopf zwischen den Ohren festkleben.
- Das Stirnband wie auf Seite 9 erklärt einsetzen.

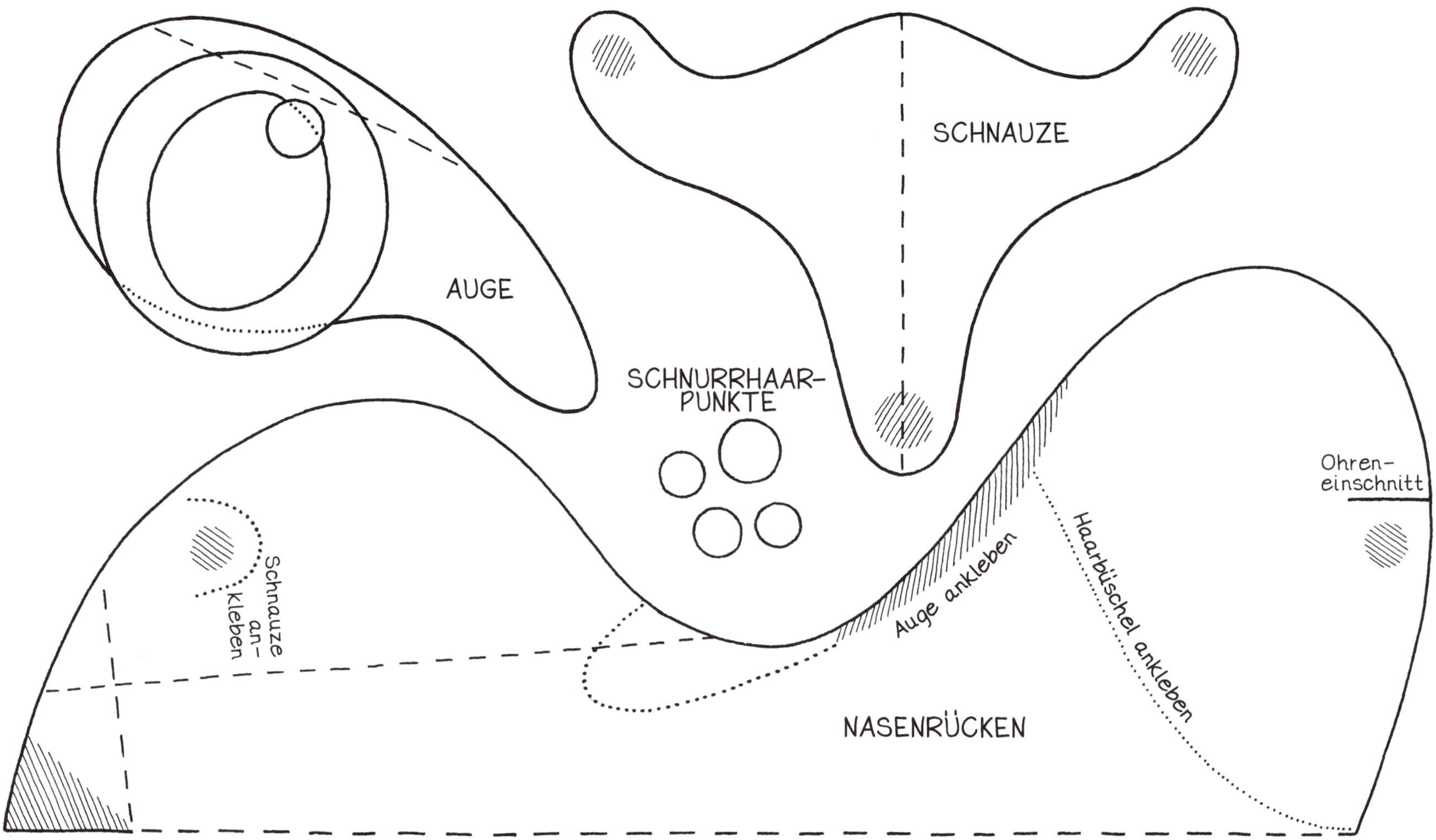

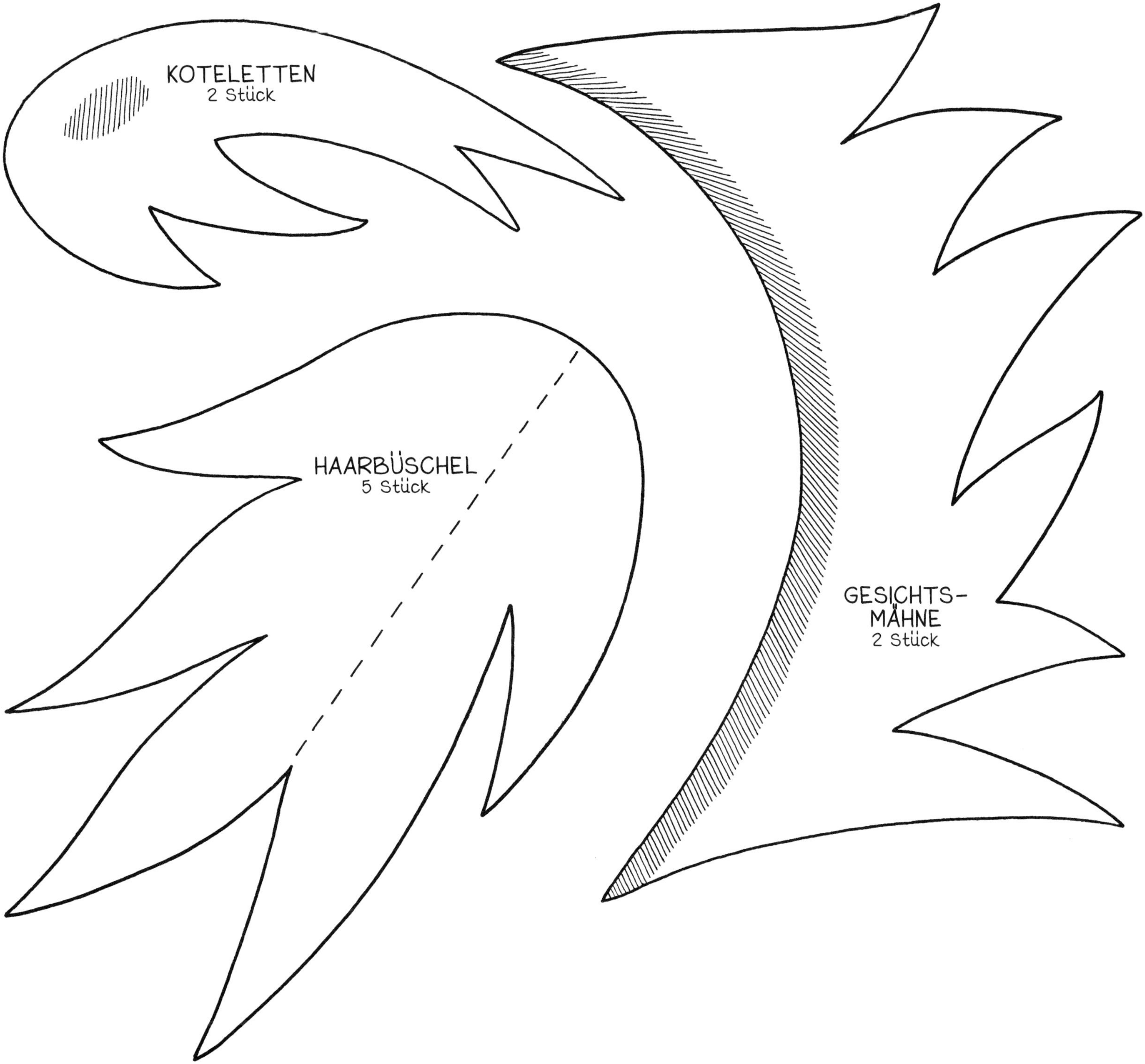
KOTELETTEN
2 Stück
HAARBÜSCHEL
5 Stück
GESICHTS-
MÄHNE
2 Stück

TIGER

- Die Grundmaske wie auf Seite 8 und 9 erklärt zusammensetzen. Im Gesicht die Einschnitte an der Schnauze schneiden, jedoch nicht an den Wangen. Bevor die Maske zusammengesetzt wird, werden die Innenohren auf die Ohren des Hinterkopfes und die schwarzen und weißen Streifen auf die Wangen des Gesichts geklebt.
- Die übrigen Teile nach den Schablonen der nächsten drei Seiten ausschneiden und markieren, wo die Augen am Stirnteil festgeklebt werden sollen.
- Den oberen Nasenrücken über den Stirnteil festkleben wie auf der Schablone markiert.
- Danach die Stirnstreifen, Stirndreiecke und die Augenbrauen wie gezeigt festkleben.
- Den unteren Nasenrücken über den oberen Nasenrücken festkleben wie auf der Schablone markiert.
- Die Augen zusammensetzen, aber die kleinen weißen Leuchtpunkte erst aufkleben, wenn die Augen angeklebt sind. Dann ist es leichter zu sehen, wo sie platziert werden sollen.
- Die Augen auf den Stirnteil und den unteren Nasenrücken kleben.
- Die gestrichelten Linien über den Augen und oben und unten am oberen Nasenrücken mit der Spitze einer Stricknadel anritzen.
- Die Faltlinien leicht nach außen hin falten.
- Die Schnauzenspitze des unteren Nasenrückens zusammenkleben.

- Die Schnauzenpartie auf den Nasenrücken wie auf der Schablone markiert kleben.
- Am oberen Teil des Nasenrückens Klebstoffkleckse verteilen, siehe Schraffierungen auf der Schablone.
- Den Nasenrücken und die Schnauzenpartie an das Gesicht ankleben und die Augen gleichzeitig festkleben, so dass der Stirnteil heruntergedrückt wird. Die Schnauzenpartie muss bis zur Kante des Gesichts herunterreichen, wo sie dann angeklebt wird.
- Leuchtpunkte auf die Augen kleben.
- Den oberen Teil des Nasenrückens zum Nacken hin falten und dort festkleben.
- Die Seiten der Schnauze an die Schnauzenpartie festkleben wie auf dem Bild gezeigt und auf der Schablone markiert.
- Auf den unteren Teil der Schnauze Klebstoff verteilen und an die Schnauzenpartie festkleben.
- Schnurrhaarpunkte ausschneiden und mit ca. 3 mm breiten und 12 - 13 cm langen Kartonstreifen als Schnurrhaare darunter festkleben.
- Unter den großen Schnurrhaarpunkten kleine mit einem schwarzen Filzstift zeichnen.
- Das Stirnband wie auf Seite 9 erklärt einsetzen.

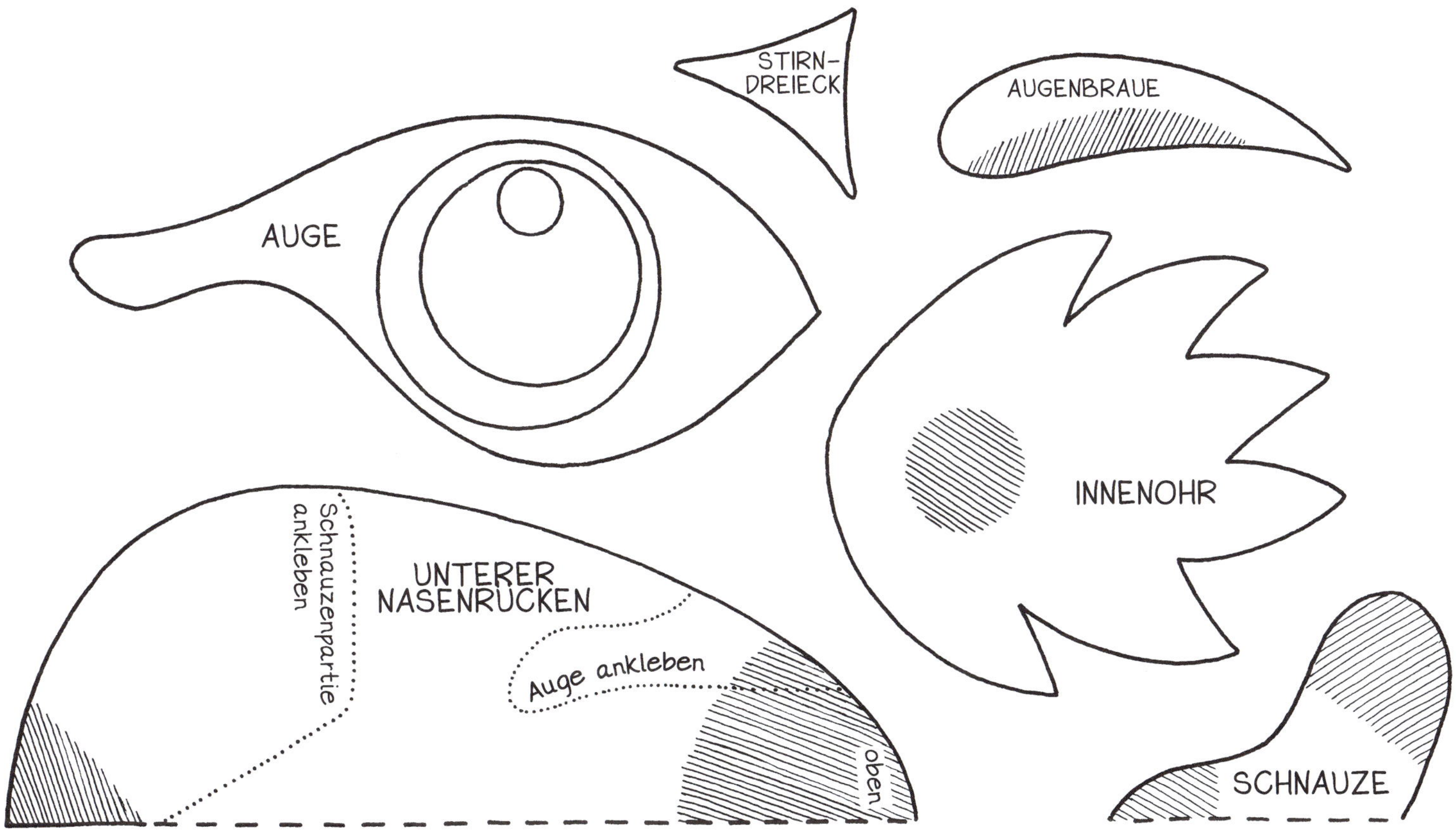

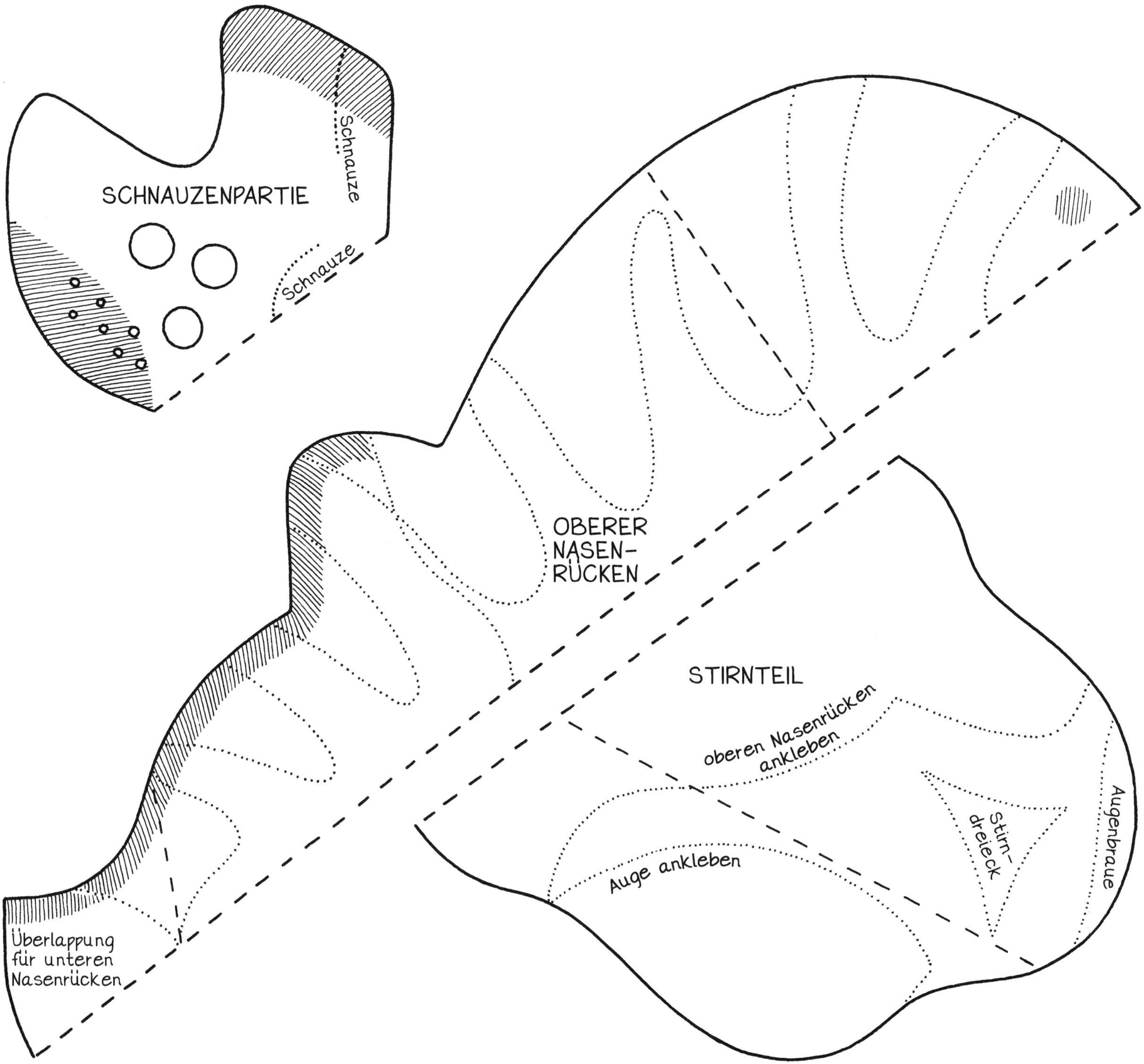
SCHNAUZENPARTIE
Schnauze
Schnauze
OBERER
NASEN-
RÜCKEN
STIRNTEIL
oberen Nasenrücken
ankleben
Auge ankleben
Stirn-
dreieck
Augenbraue
Überlappung
für unteren
Nasenrücken

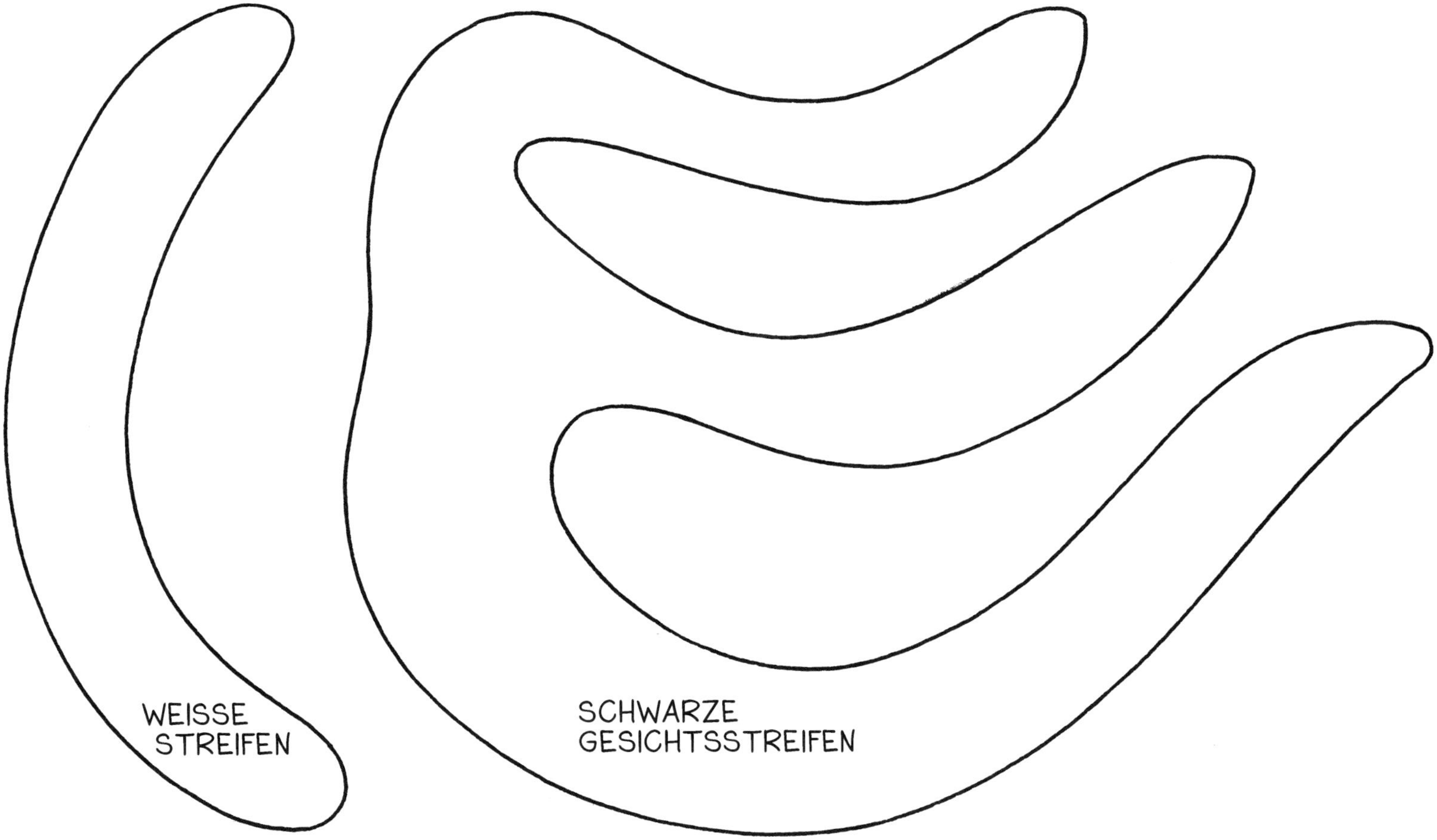
WEISSE STREIFEN
SCHWARZE GESICHTSSTREIFEN

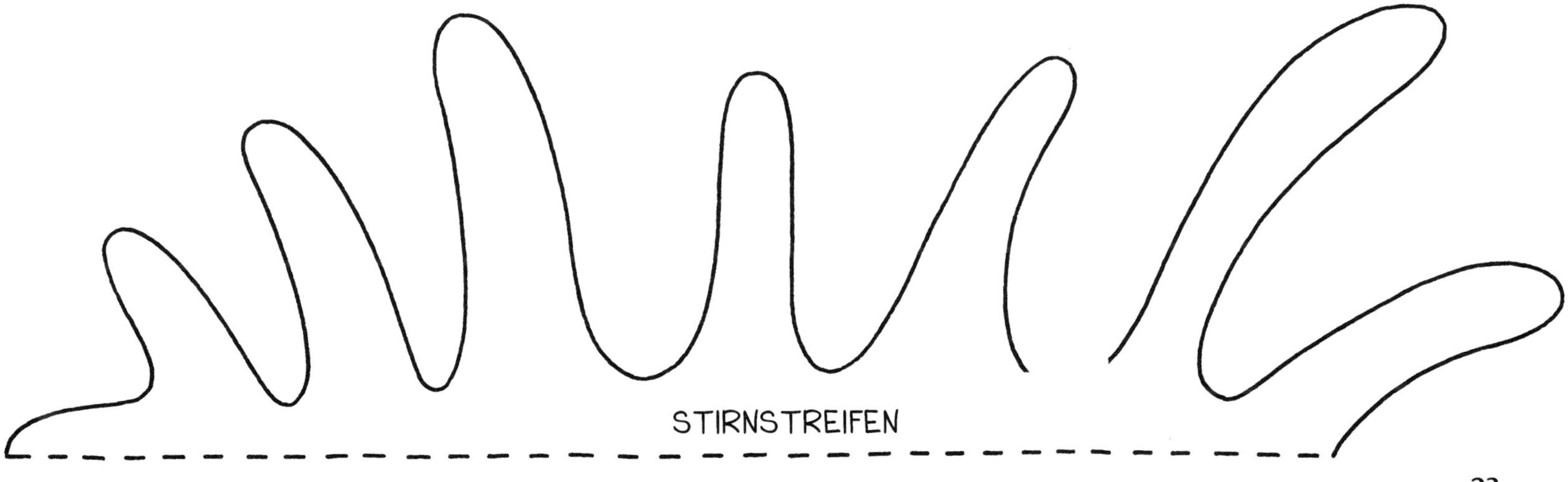
STIRNSTREIFEN

LEOPARD UND SCHWARZER PANTHER

Die zwei Masken werden auf die gleiche Weise hergestellt, nur die Farben sind verschieden.

- Die Grundmaske wie auf Seite 8 und 9 erklärt zusammensetzen. Im Gesicht sollen die Einschnitte sowohl an Wangen wie auch an der Schnauze geschnitten werden. Bevor die Masken zusammengesetzt werden, die Innenohren auf die Ohren des Hinterkopfs kleben. Der Leopard bekommt Flecken, die auf die verschiedenen Teile vor dem Zusammenkleben mit schwarzem Filzstift gezeichnet werden. Die Platzierung der Flecken ist auf den Schablonen erkennbar.
- Die übrigen Teile nach den Schablonen der nächsten drei Seiten ausschneiden und daran denken zu markieren, wo die Augen an der Schnauzenpartie festgeklebt werden sollen.
- Mit der Spitze einer Stricknadel die gestrichelten Linien der Schnauzenpartie anritzen.
- Die oberen Linien nach innen hin und die unteren nach außen falten.
- Die zwei kleinen Einschnitte der Schnauzenpartie zusammenkleben.
- Die Schnauzenpartie an das Gesicht ca. 10 cm unter den Ohreneinschnitten festkleben, die Klebstoffkleckse wie auf der Schablone markiert verteilen.
- Das Nasenlochteil unter die Schnauze schieben und festkleben. Siehe Bild und markierte Schablone.

- Den unteren Teil der Schnauze über das Nasenlochteil kleben wie auf der Schablone markiert.
- Die Augen zusammensetzen, aber die kleinen weißen Leuchtpunkte erst aufkleben, wenn die Augen angeklebt sind. Dann ist es leichter zu sehen, wo sie platziert werden sollen.
- Die Augen auf die Schnauzenpartie und das Gesicht kleben.
- Leuchtpunkte auf die Augen kleben.
- Ca. 5 mm breite und 18 - 20 cm lange Kartonstreifen als Schnurrhaare festkleben.
- Die Zähne wie auf dem Bild gezeigt festkleben.
- Das Stirnband wie auf Seite 9 erklärt einsetzen.

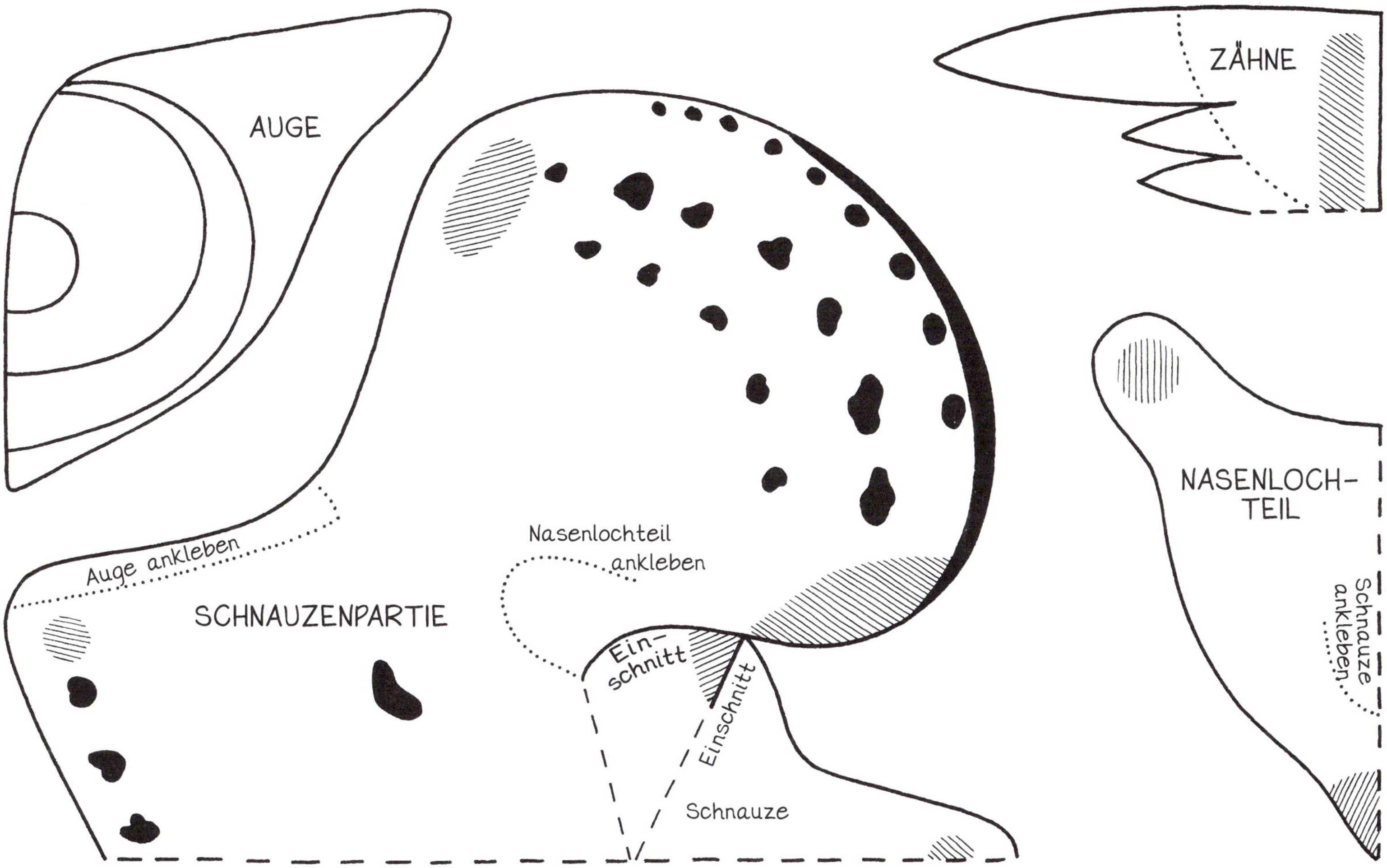

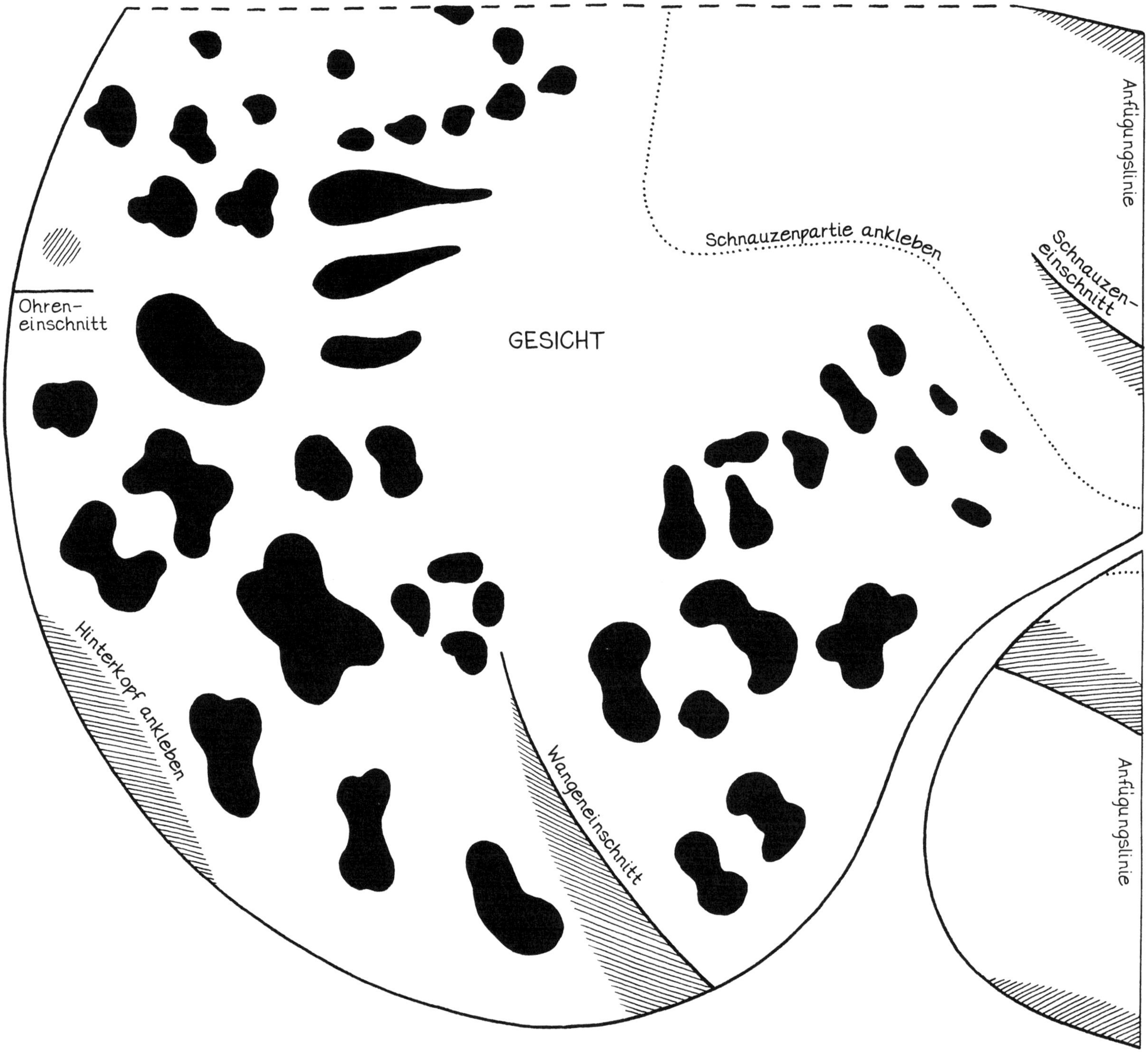

Anfügungslinie
Schnauzenpartie ankleben
Schnauzen-
einschnitt
Ohren-
einschnitt
GESICHT
Hinterkopf ankleben
Wangeneinschnitt
Anfügungslinie

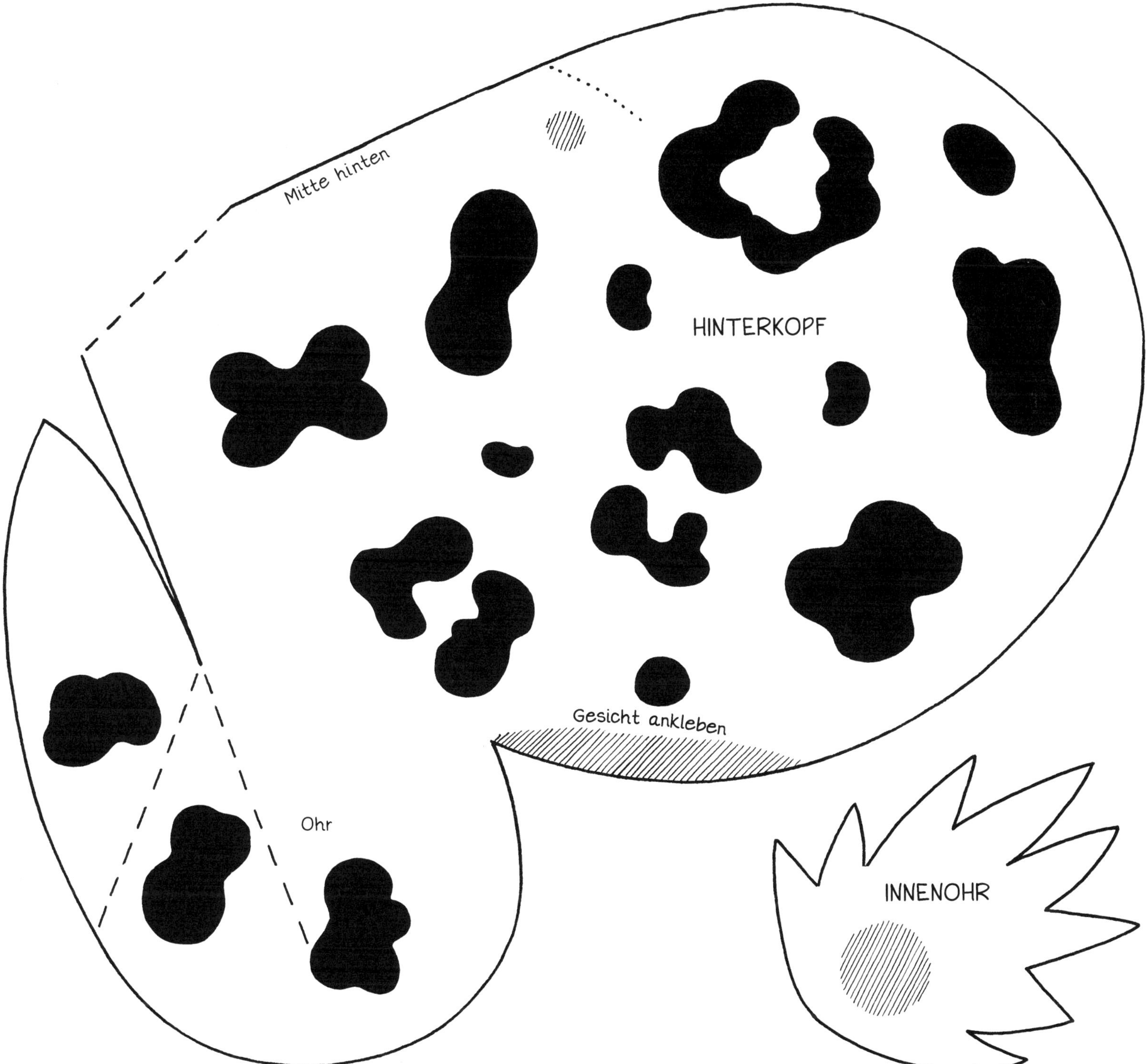
Mitte hinten
HINTERKOPF
Gesicht ankleben
Ohr
INNENOHR

ZEBRA

- Die Grundmaske wie auf Seite 8 und 9 erklärt zusammensetzen – am Hinterkopf extra lange Ohren schneiden, siehe Schablone und Zeichnung Seite 30. Im Gesicht die Einschnitte an Wangen schneiden, jedoch nicht an der Schnauze. Die Schnauze braucht nicht zusammengeklebt werden. Die Seiten des Hinterkopfes mit ca. 3 cm Überlappung über die Gesichtswangen festkleben, um einen schmaleren Kopf zu bekommen, siehe Bild oben und die Markierung auf der Schablone Seite 7. Schwarze Streifen auf die verschiedenen Teile mit einem Filzstift zeichnen, bevor die Maske zusammengesetzt wird. Die Streifen müssen um die Mitte herum symmetrisch sein.
- Die übrigen Teile nach den Schablonen der nächsten drei Seiten ausschneiden.
- Das Maulstück zusammenkleben.
- Das Maulstück an das Gesicht mit ca. 10 cm Abstand von der oberen Kante festkleben, Klebstoff wie auf der Schablone markiert verteilen.
- Am oberen Teil des Stirnteils Klebstoffkleckse neben den kleinen Einschnitten für die Ohren verteilen, siehe Schraffierungen auf der Schablone.
- Den oberen Teil des Stirnteils an das Gesicht festkleben durch Hineinschieben der Ohren in die Einschnitte.
- Das entgegengesetzte Ende des Stirnteils an das Maulstück festkleben, siehe Schablone.

- Das Maul zusammenkleben und über das Maulstück festkleben.
- Die Augen zusammensetzen, aber die kleinen weißen Leuchtpunkte erst aufkleben, wenn die Augen angeklebt sind. Dann ist es leichter zu sehen, wo sie platziert werden sollen.
- Die Augen auf das Gesicht kleben.
- Leuchtpunkte auf die Augen kleben.
- Die Klebefalze der Mähne umklappen.
- Den oberen Teil der zusammengefalteten Mähne in den Einschnitt des Stirnteils hineinstecken, und die zwei kleinen Falze unter den Stirnteil festkleben.
- Die anderen Klebefalze an den Hinterkopf festkleben wie auf der Zeichnung Seite 30 gezeigt.
- Das Stirnband wie auf Seite 9 erklärt einsetzen.

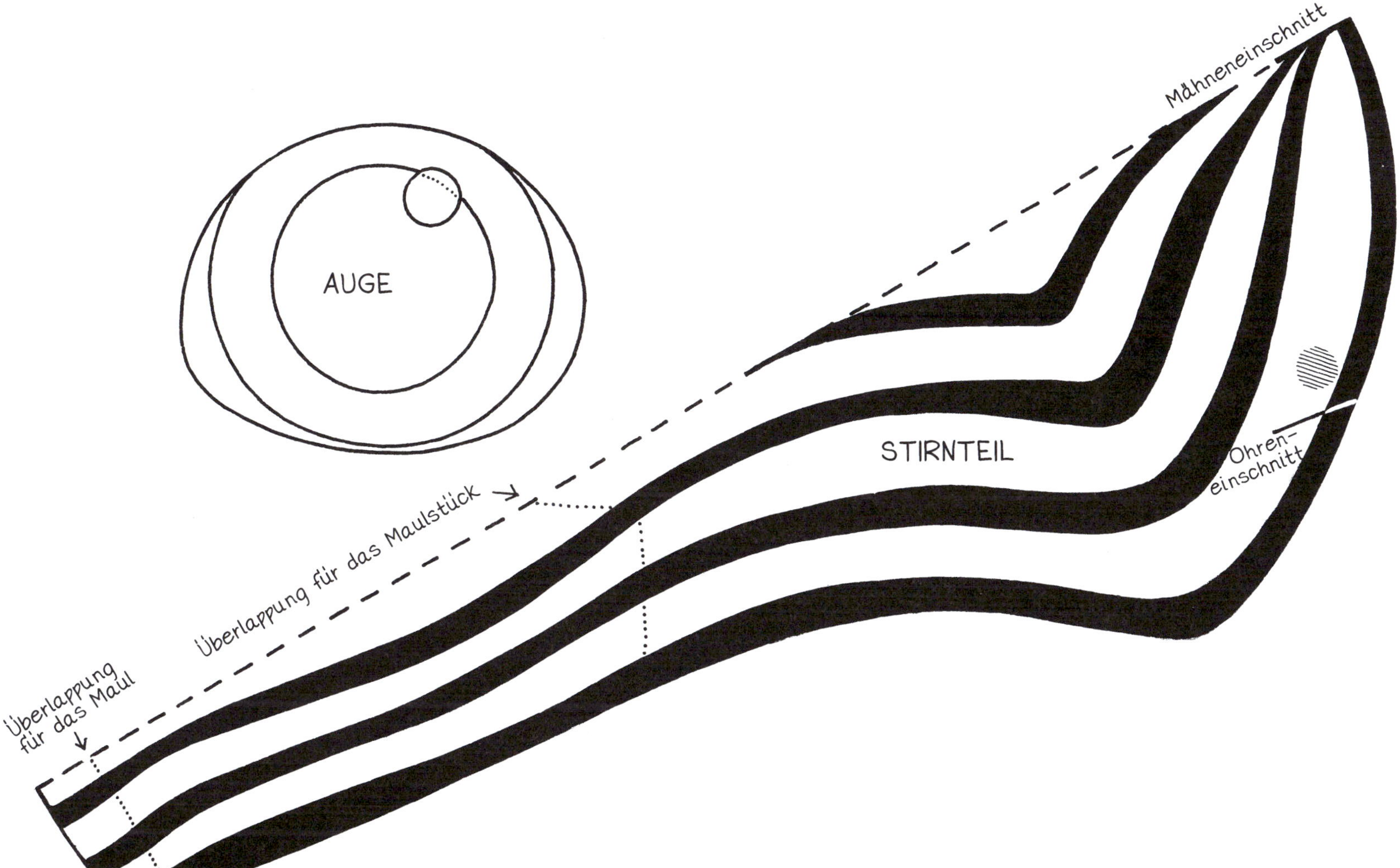

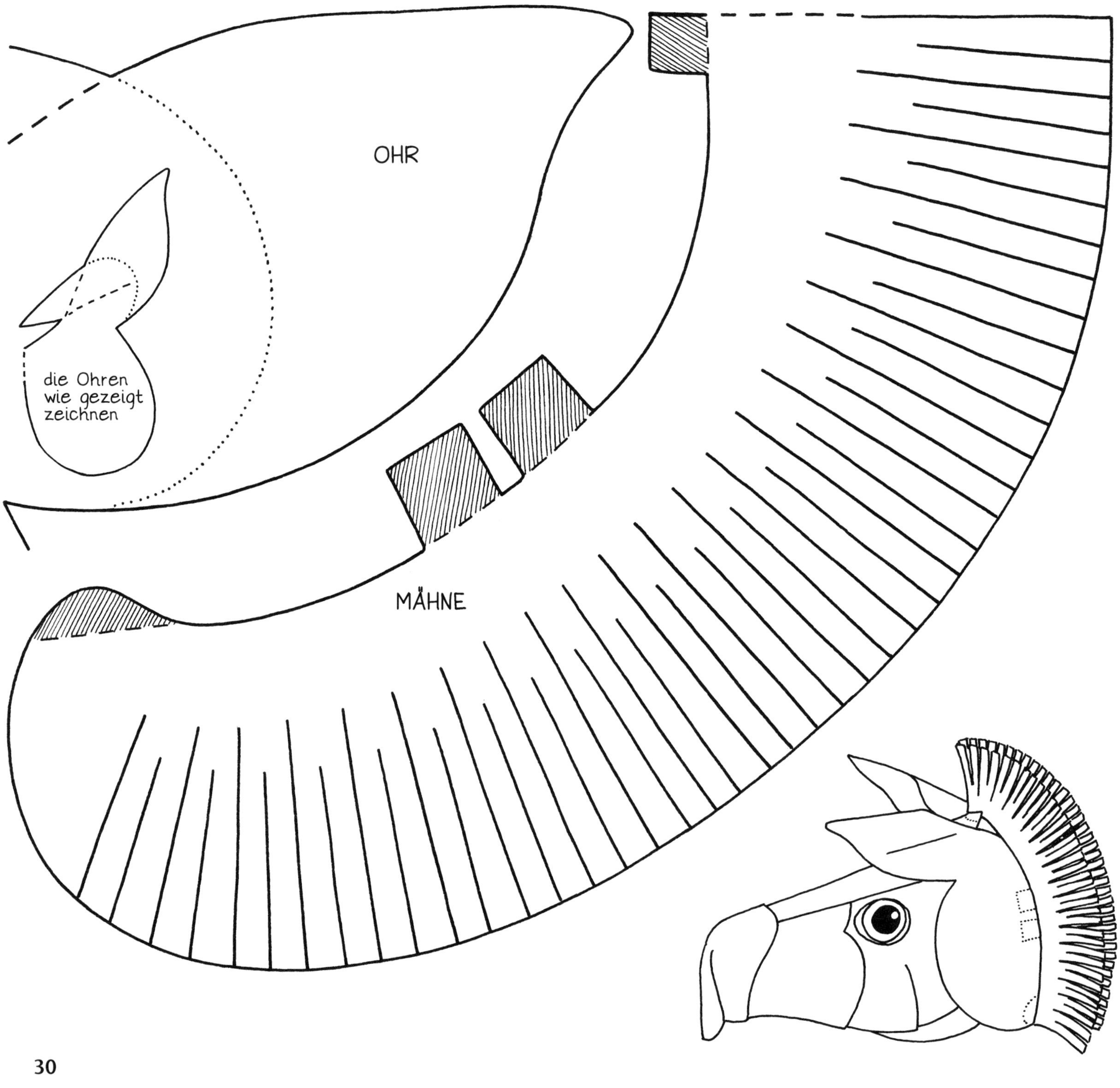
OHR
die Ohren
wie gezeigt
zeichnen
MÄHNE

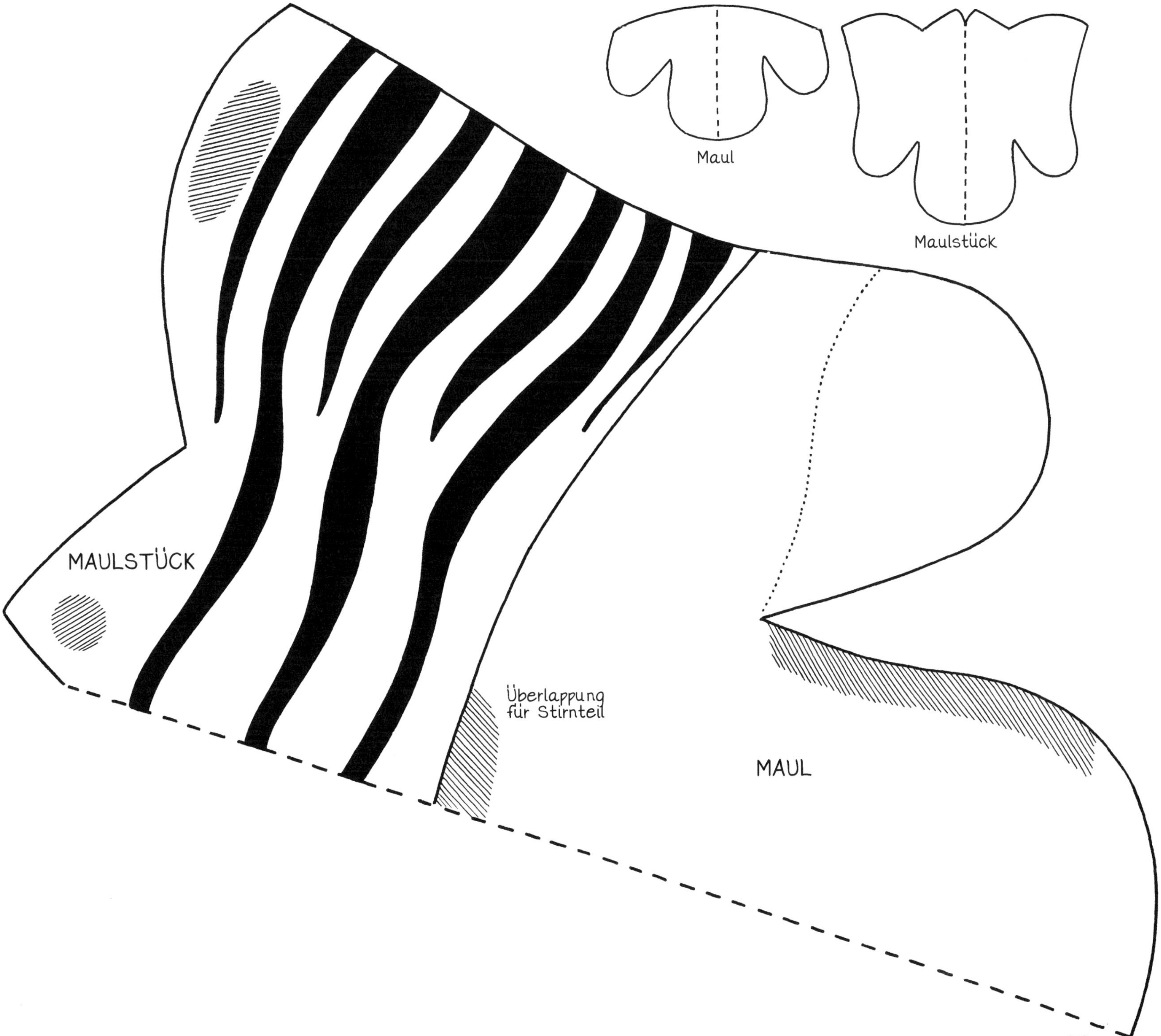
Maul
Maulstück
MAULSTÜCK
Überlappung
für Stirnteil
MAUL

PFERD

- Die Grundmaske wie auf Seite 8 und 9 erklärt zusammensetzen – am Hinterkopf extra lange Ohren schneiden, siehe Schablone und Zeichnung Seite 34. Im Gesicht die Einschnitte an Wangen schneiden, jedoch nicht an der Schnauze. Die Schnauze braucht nicht zusammengeklebt werden. Die Seiten des Hinterkopfs mit ca. 3 cm Überlappung über die Gesichtswangen festkleben, um einen schmaleren Kopf zu bekommen, siehe Bild oben und die Markierung auf der Schablone Seite 7.
- Die übrigen Teile nach den Schablonen der nächsten zwei Seiten ausschneiden.
- Das Maulstück zusammenkleben.
- Das Maulstück an das Gesicht mit ca. 10 cm Abstand unter die Ohreneinschnitte festkleben, die Klebstoffkleckse wie auf der Schablone markiert verteilen. Nasenlöcher auf das Maul kleben.
- Die Augen zusammensetzen, aber die kleinen weißen Leuchtpunkte erst aufkleben, wenn die Augen angeklebt sind. Dann ist es leichter zu sehen, wo sie platziert werden sollen.
- Die Augen auf das Gesicht kleben, so dass sie das Maulstück ein wenig überlappen, siehe Bild und Markierung auf der Schablone.
- Leuchtpunkte auf die Augen kleben.
- Die große Stirnlocke zwischen die Ohren festkleben wie auf dem Bild gezeigt.
- Das Stirnband wie auf Seite 9 erklärt einsetzen.

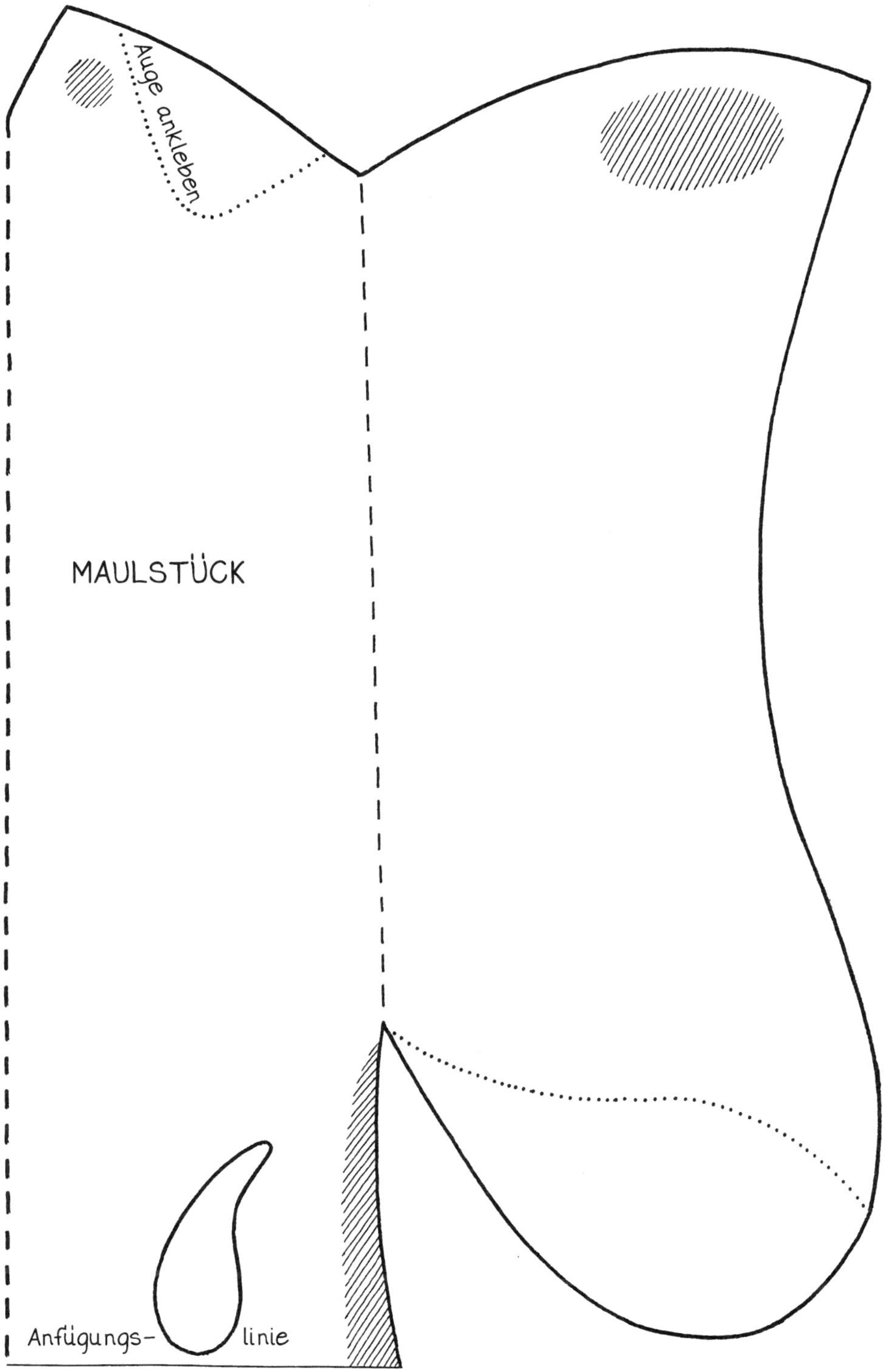
Auge ankleben
MAULSTÜCK
Anfügungs-
linie

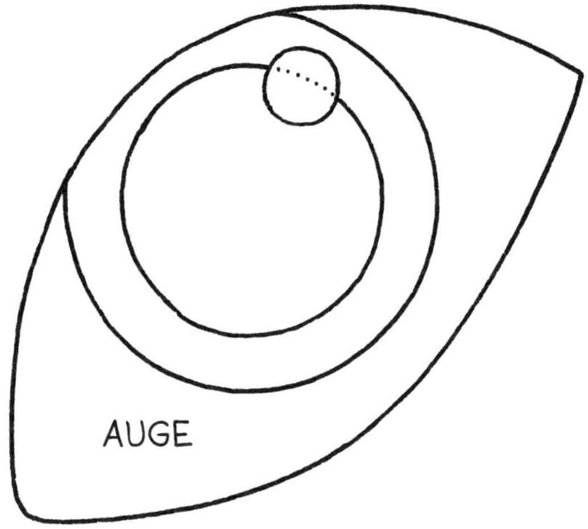
AUGE

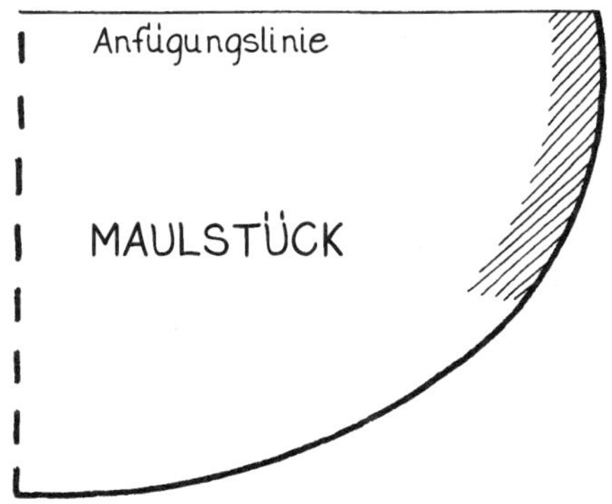
Anfügungslinie
MAULSTÜCK

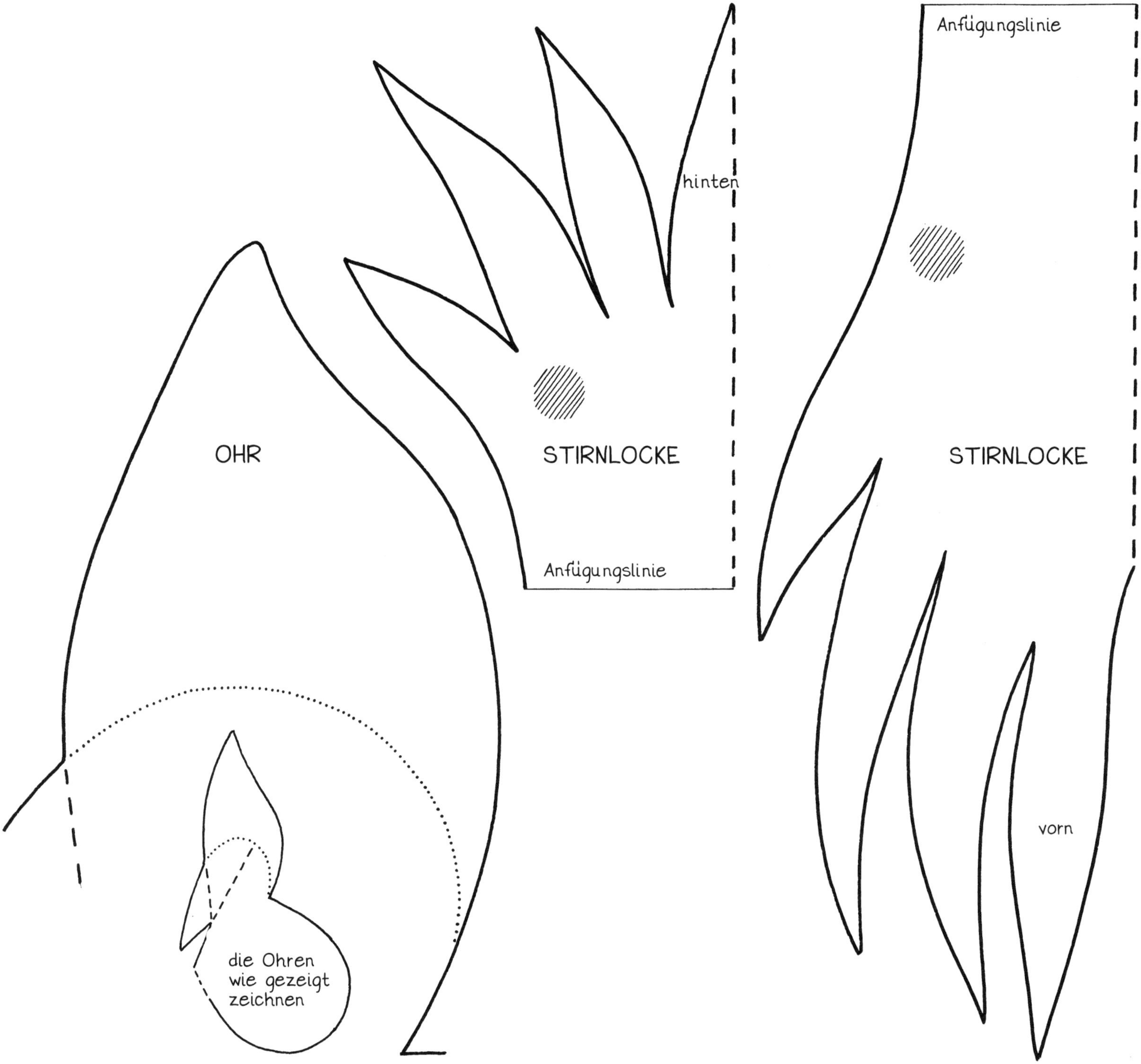
OHR
die Ohren
wie gezeigt
zeichnen
STIRNLOCKE
hinten
Anfügungslinie
STIRNLOCKE
Anfügungslinie
vorn

KROKODIL

- Die Grundmaske wie auf Seite 8 und 9 erklärt zusammensetzen. Der Hinterkopf wird hier nicht benötigt. Das Gesicht an die Grundform festkleben. Im Gesicht die Einschnitte an Wangen schneiden, jedoch nicht an der Schnauze. Die Schnauze braucht nicht zusammengeklebt werden.
- Die übrigen Teile nach den Schablonen der nächsten zwei Seiten ausschneiden und daran denken zu markieren, wo die Augen an dem Stirnteil festgeklebt werden sollen.
- Den langen Nasenrücken mit ca. 16 cm Abstand von der Nackenkante an das Gesicht festkleben.
- Die Schnauze zusammenkleben wie auf dem Bild gezeigt und an den Nasenrücken festkleben.
- Die zwei Einschnitte des Stirnteils kleben und den Stirnteil über den Nasenrücken festkleben wie auf der Schablone markiert.
- Die Augen zusammensetzen, aber die kleinen weißen Leuchtpunkte erst aufkleben, wenn die Augen angeklebt sind. Dann ist es leichter zu sehen, wo sie platziert werden sollen.
- Die Augen ankleben und Leuchtpunkte auf die Augen kleben.
- Die Zähne festkleben wie auf dem Bild gezeigt und auf den Schablonen markiert.
- Das Stirnband wie auf Seite 9 erklärt einsetzen.

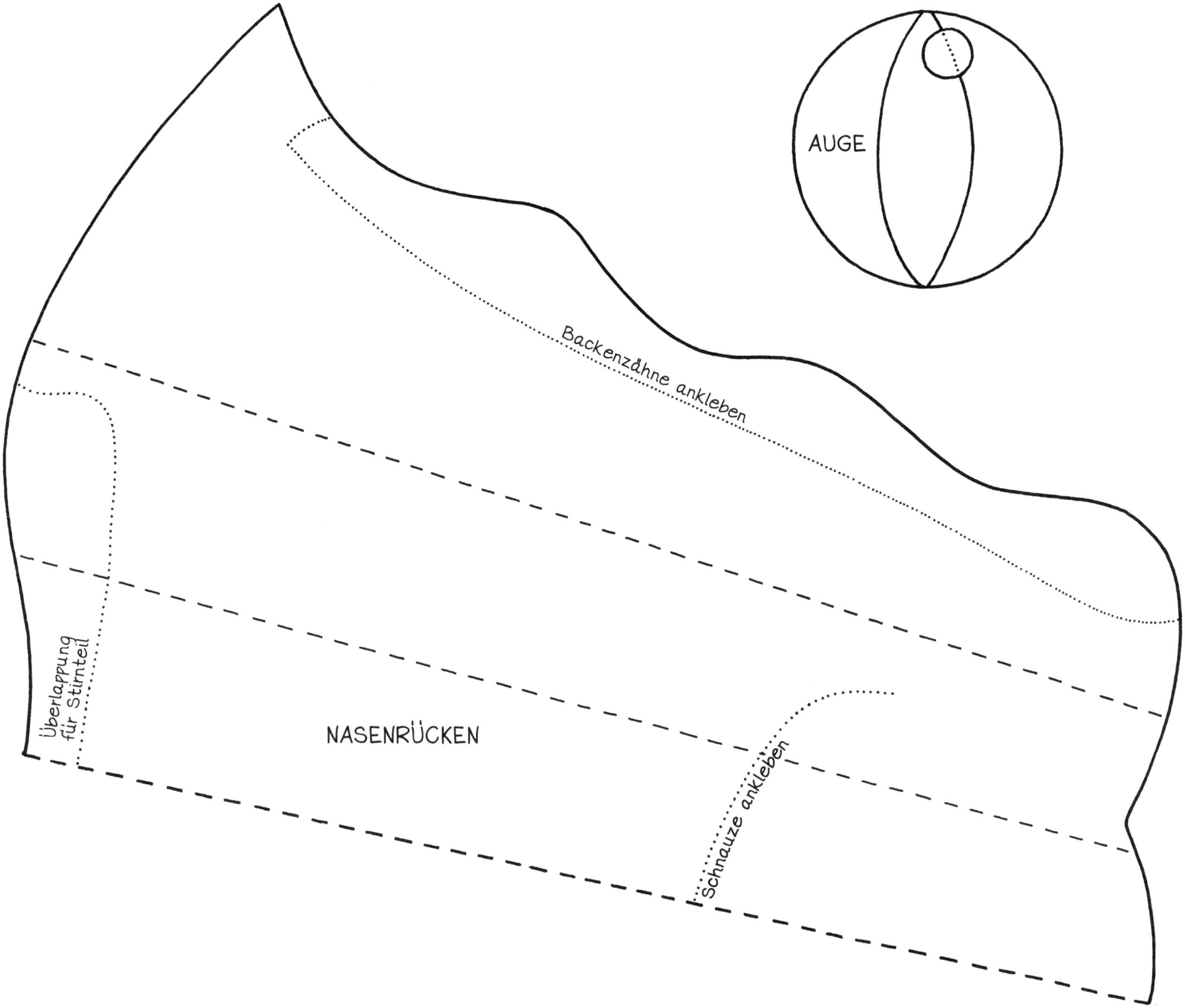
AUGE
Backenzähne ankleben
Überlappung für Stirnteil
NASENRÜCKEN
Schnauze ankleben

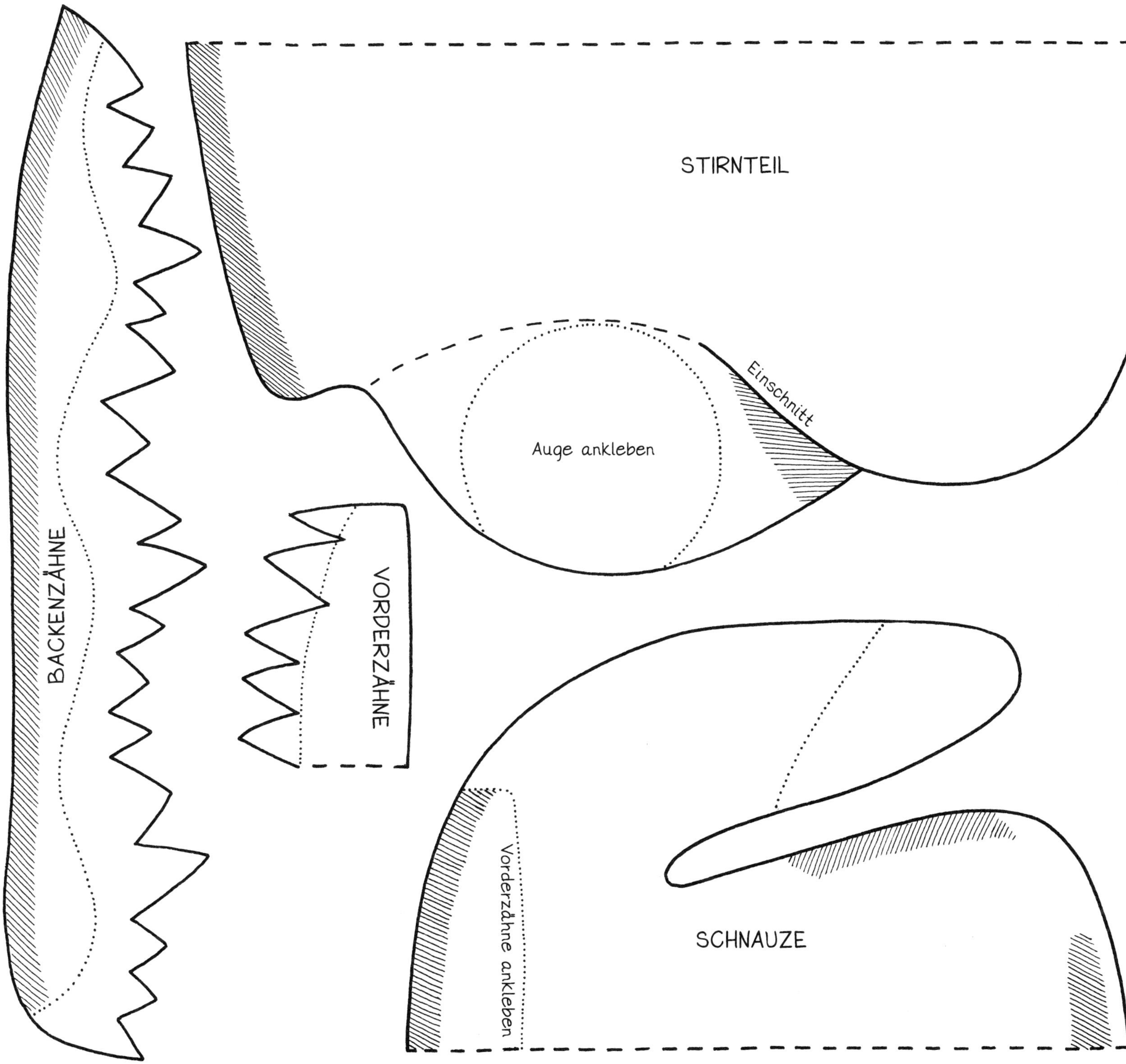
STIRNTEIL
Einschnitt
Auge ankleben
BACKENZÄHNE
VORDERZÄHNE
Vorderzähne ankleben
SCHNAUZE

FLUSSPFERD

- Die Grundmaske wie auf Seite 8 und 9 erklärt zusammensetzen. Im Gesicht die Einschnitte in die Wangen schneiden, jedoch nicht an der Schnauze. Die Schnauze braucht nicht zusammengeklebt werden.
- Die übrigen Teile nach den Schablonen der nächsten Seite ausschneiden.
- Die gestrichelten, gebogenen Linien des Nasenrückens anritzen und die Linien, die die Nasenlöcher markieren sollen, leicht nach außen falten.
- Klebstoffkleckse an den oberen Ecken des Nasenrückens und auf jeder Seite der Faltlinie verteilen, siehe Schraffierungen auf der Schablone.
- Den oberen Teil des Nasenrückens ca. 10 cm unter den Ohreneinschnitten an das Gesicht festkleben.
- Die Einschnitte der Augenlider auf jeder Seite kleben.
- Die Augenlider ankleben wie auf der Schablone markiert und auf dem Bild gezeigt.
- Die Augen zusammensetzen, aber die kleinen weißen Leuchtpunkte erst aufkleben, wenn die Augen angeklebt sind. Dann ist es leichter zu sehen, wo sie platziert werden sollen.
- Die Augen ankleben.
- Die Leuchtpunkte und die Zähne ankleben.
- Das Stirnband wie auf Seite 9 erklärt einsetzen.

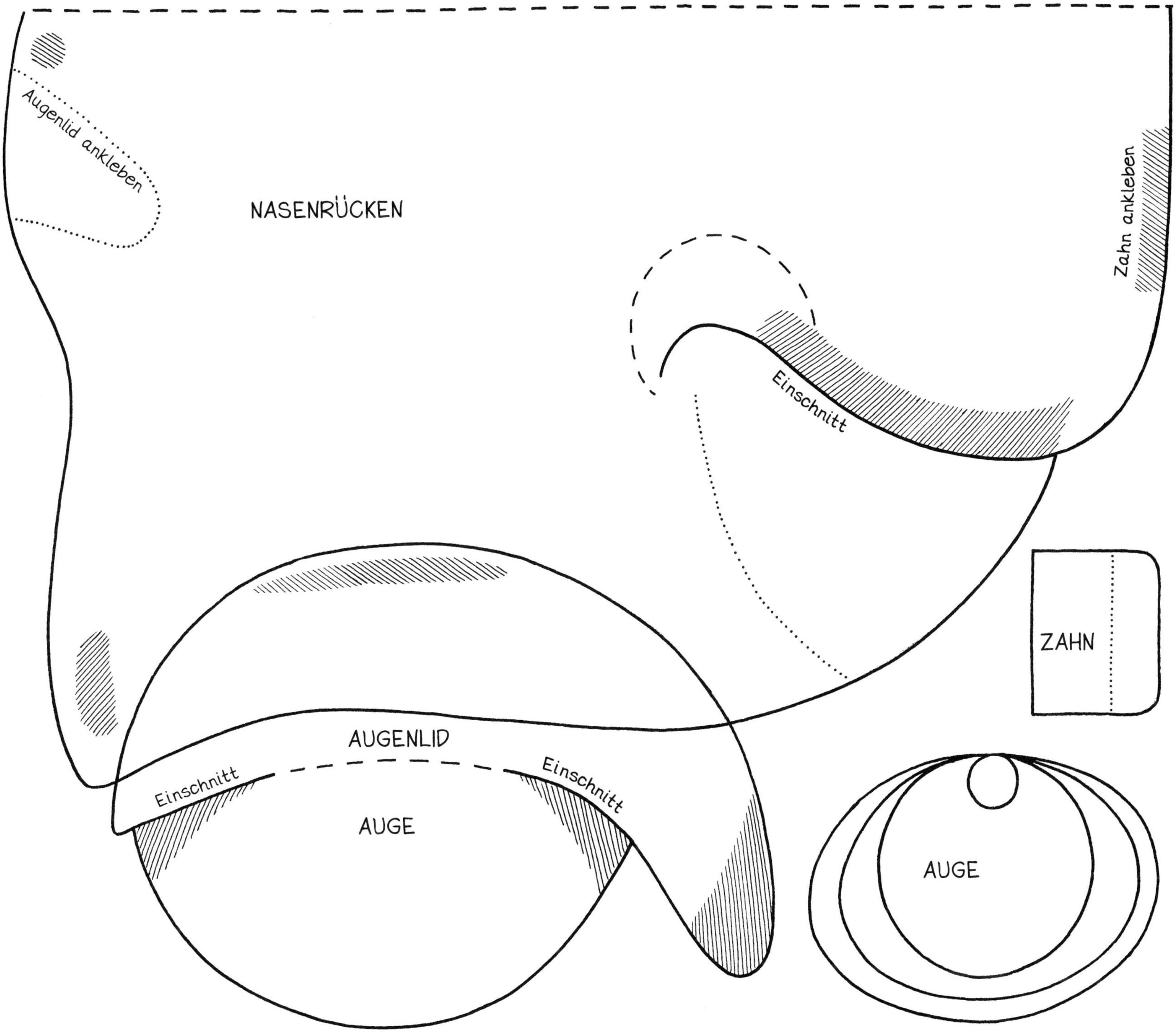
Augenlid ankleben
NASENRÜCKEN
Zahn ankleben
Einschnitt
ZAHN
AUGENLID
Einschnitt
Einschnitt
AUGE
AUGE

NASHORN

- Die Grundmaske wie auf Seite 8 und 9 erklärt zusammensetzen – am Hinterkopf extra lange Ohren schneiden, siehe Schablone und Zeichnung auf der nächsten Seite. Im Gesicht weder Einschnitte an Wangen noch an der Schnauze schneiden. Die Schnauze braucht nicht zusammengeklebt werden.
- Die übrigen Teile nach den Schablonen der nächsten drei Seiten ausschneiden und daran denken zu markieren, wo die Augen am oberen Nasenrücken festgeklebt werden sollen.
- Den Nasenrücken mit dem großen Horn zusammenkleben wie auf der Zeichnung Seite 42 gezeigt.
- Den Nasenrücken mit dem großen Horn an das Gesicht ca. 10 cm unter den Ohreneinschnitten festkleben, die Klebstoffkleckse wie auf der Schablone markiert verteilen.
- Danach das kleine Horn zusammensetzen, indem die zwei großen Seitenklappen übereinander geklebt werden.
- Die kleinen Klebefalze nach außen falten.
- Das Horn nach oben durch die dreieckige Öffnung in den oberen Nasenrücken stecken und die Klebefalze des Horns auf die Unterseite des oberen Nasenrückens kleben.

- Den oberen Nasenrücken an das Gesicht festkleben, Klebstoffkleckse wie auf der Schablone markiert verteilen.
- Die Augen zusammensetzen, aber die kleinen weißen Leuchtpunkte erst aufkleben, wenn die Augen angeklebt sind. Dann ist es leichter zu sehen, wo sie platziert werden sollen.
- Die Augen und die Nasenlöcher ankleben.
- Leuchtpunkte auf die Augen kleben.
- Das Stirnband wie auf Seite 9 erklärt einsetzen.

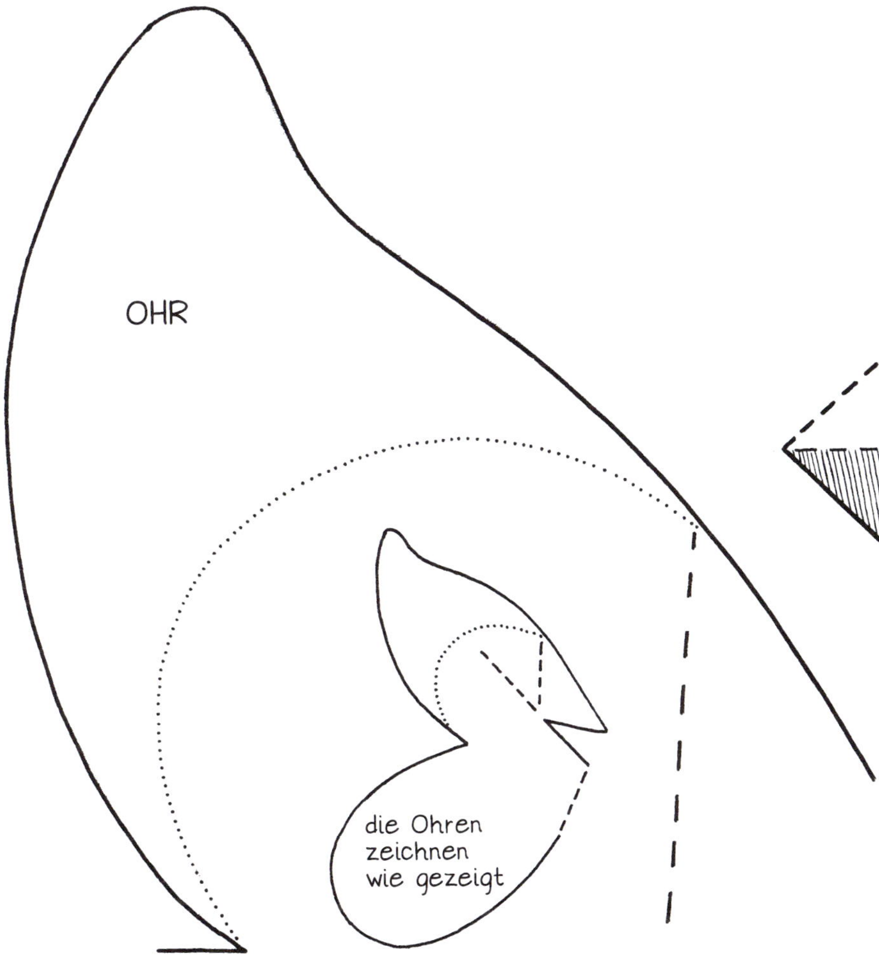

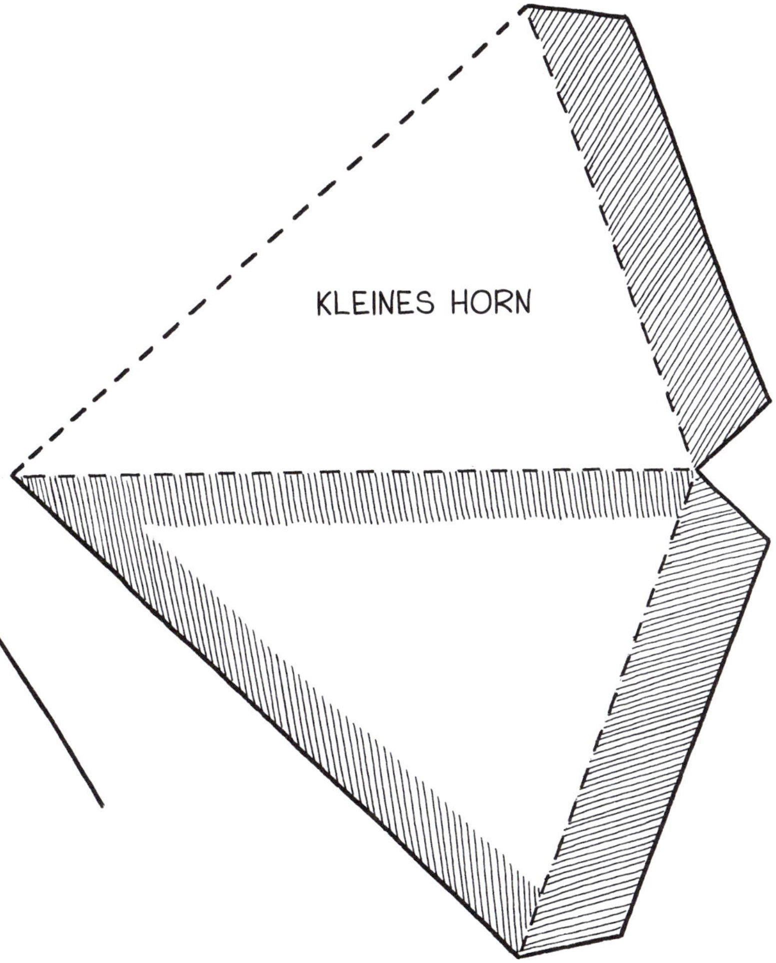

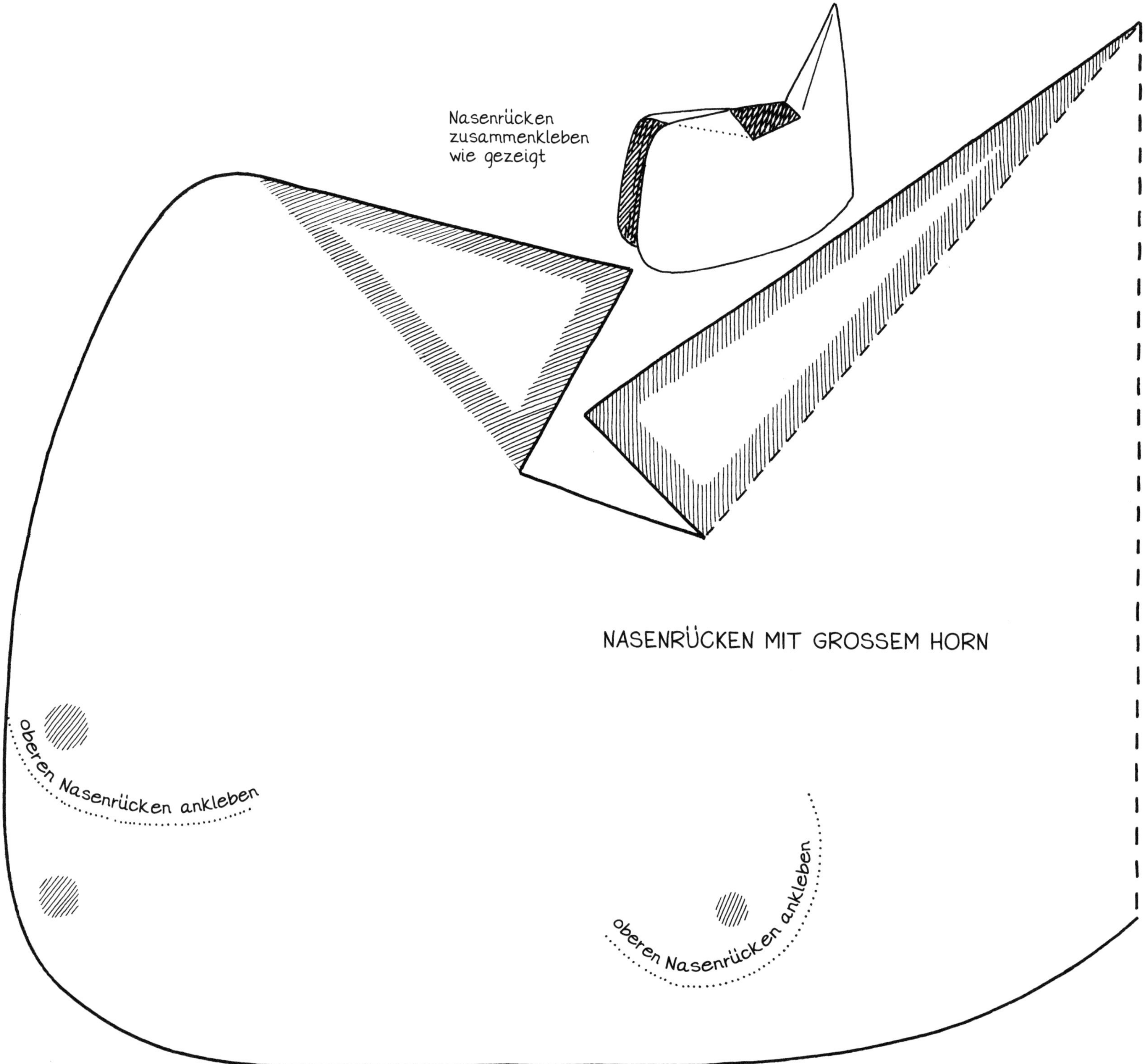
Nasenrücken
zusammenkleben
wie gezeigt
NASENRÜCKEN MIT GROSSEM HORN
oberen Nasenrücken ankleben
oberen Nasenrücken ankleben

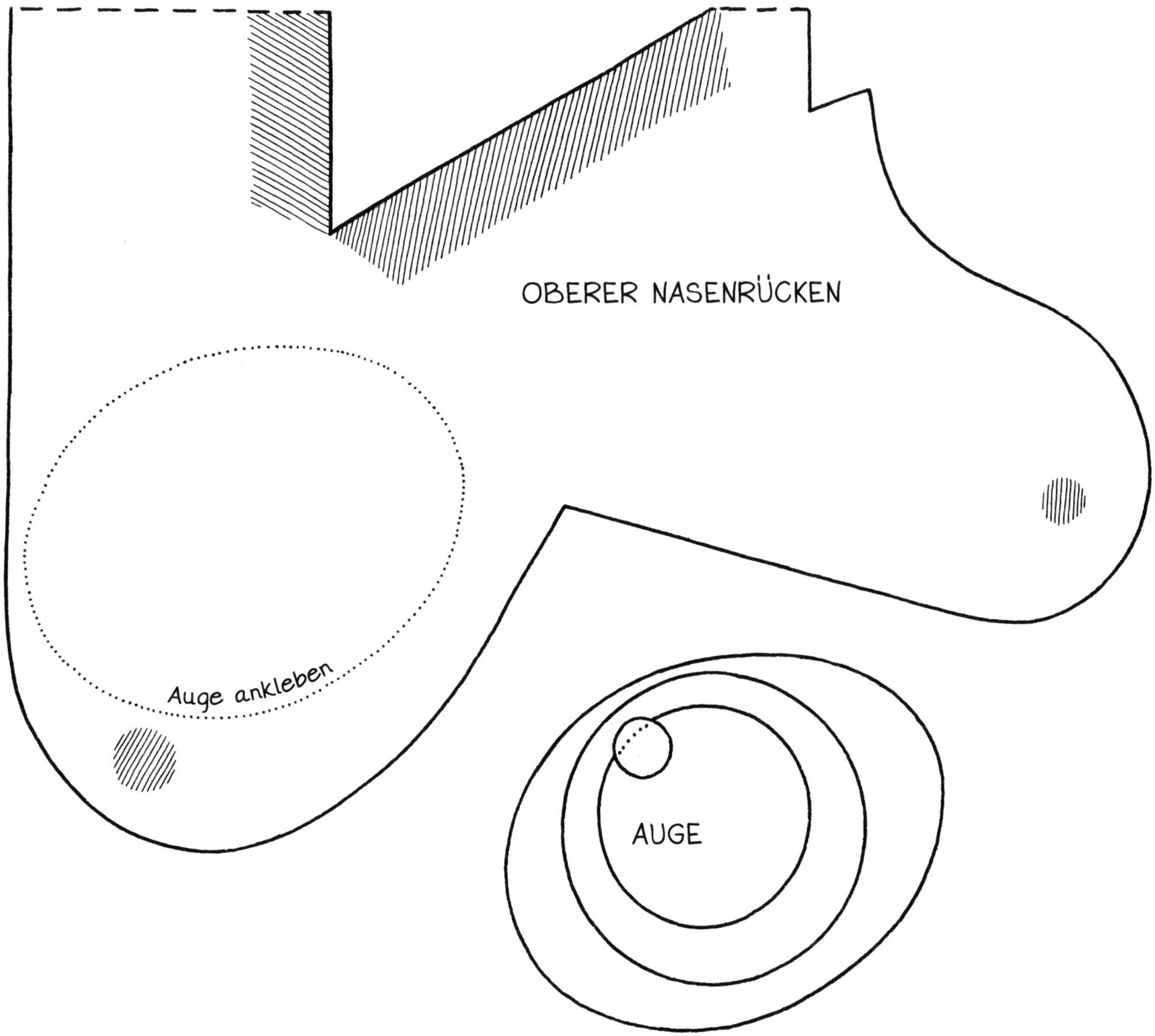
OBERER NASENRÜCKEN
Auge ankleben
AUGE

ADLER

- Für dieses Modell wird nur die Grundform für die Basismaske benötigt. Die Grundform zusammenkleben wie auf Seite 8 und 9 erklärt.
- Die übrigen Teile nach den Schablonen der nächsten drei Seiten ausschneiden. Bitte beachten, dass nur Klebefalze auf der einen Schnabelhälfte geschnitten werden wie auf der kleinen Zeichnung Seite 46 gezeigt.
- Den Schnabel an den Klebefalzen zusammenkleben. Die beiden Spitzen ganz vorn zusammenkleben.
- Den Schnabel auf die Grundform mit ca. 1 cm Überlappung an der oberen Kante ankleben.
- Nasenlöcher auf beide Seiten des Schnabels kleben.
- Die Augen zusammensetzen und wie auf dem Bild gezeigt ankleben.
- Leuchtpunkte ankleben.
- Mit der Spitze einer Stricknadel die gestrichelten Linien der Stirnfedern anritzen.
- Die markierten Linien nach außen falten.
- Die Stirnfedern auf den Schnabel kleben wie auf der Schablone markiert.
- Die Nackenfedern hinten auf die Grundform ca. 5 cm unter der oberen Kante festkleben.
- Die Einschnitte der Seitenfedern in die Einschnitte der Nackenfedern hineinstecken und die Seitenfedern auf jede Seite des Kopfes festkleben.
- Das Stirnband wie auf Seite 9 erklärt einsetzen.

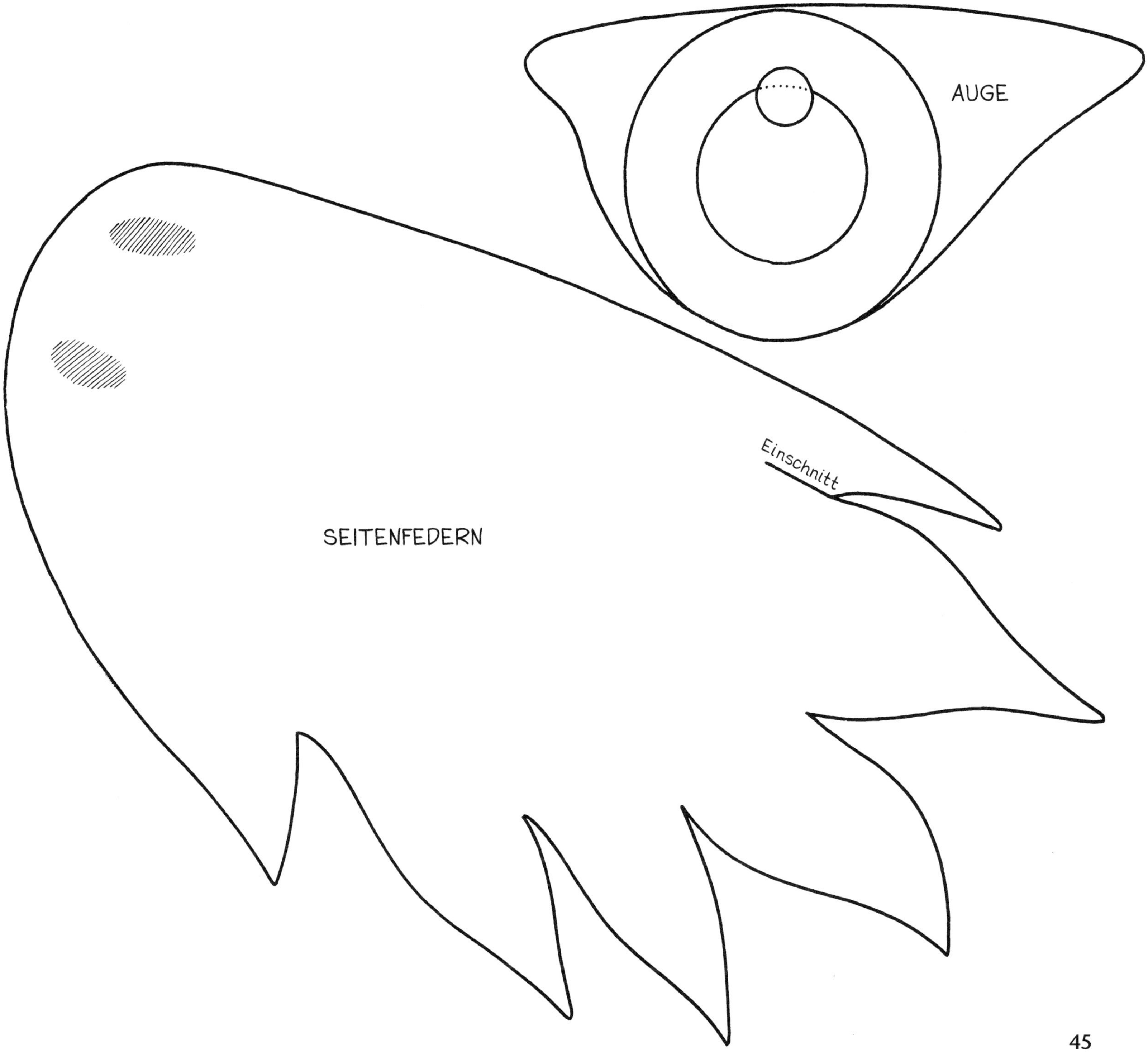
AUGE
Einschnitt
SEITENFEDERN

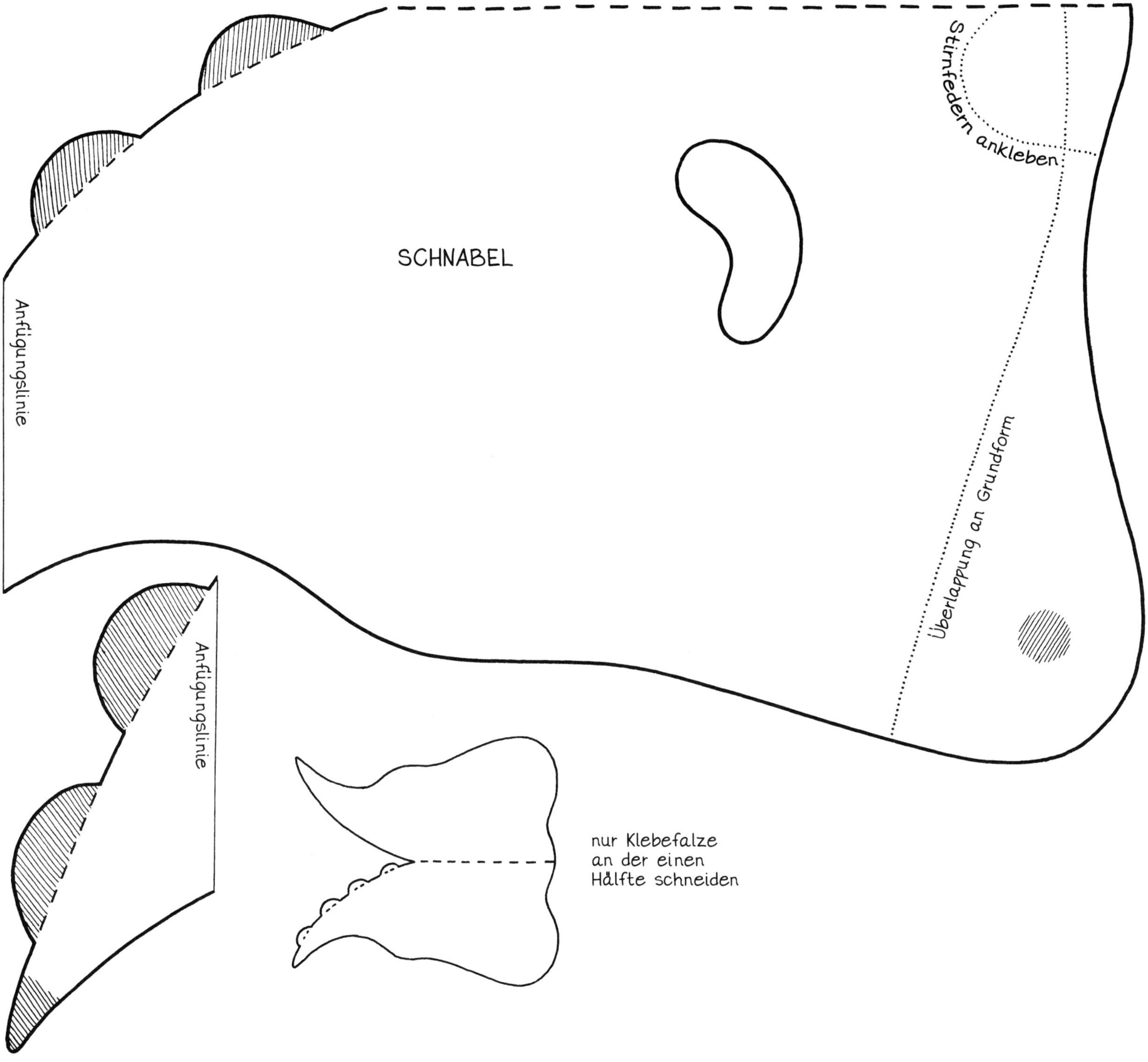
SCHNABEL
Anfügungslinie
Stirnfedern ankleben
Überlappung an Grundform
Anfügungslinie
nur Klebefalze
an der einen
Hålfte schneiden

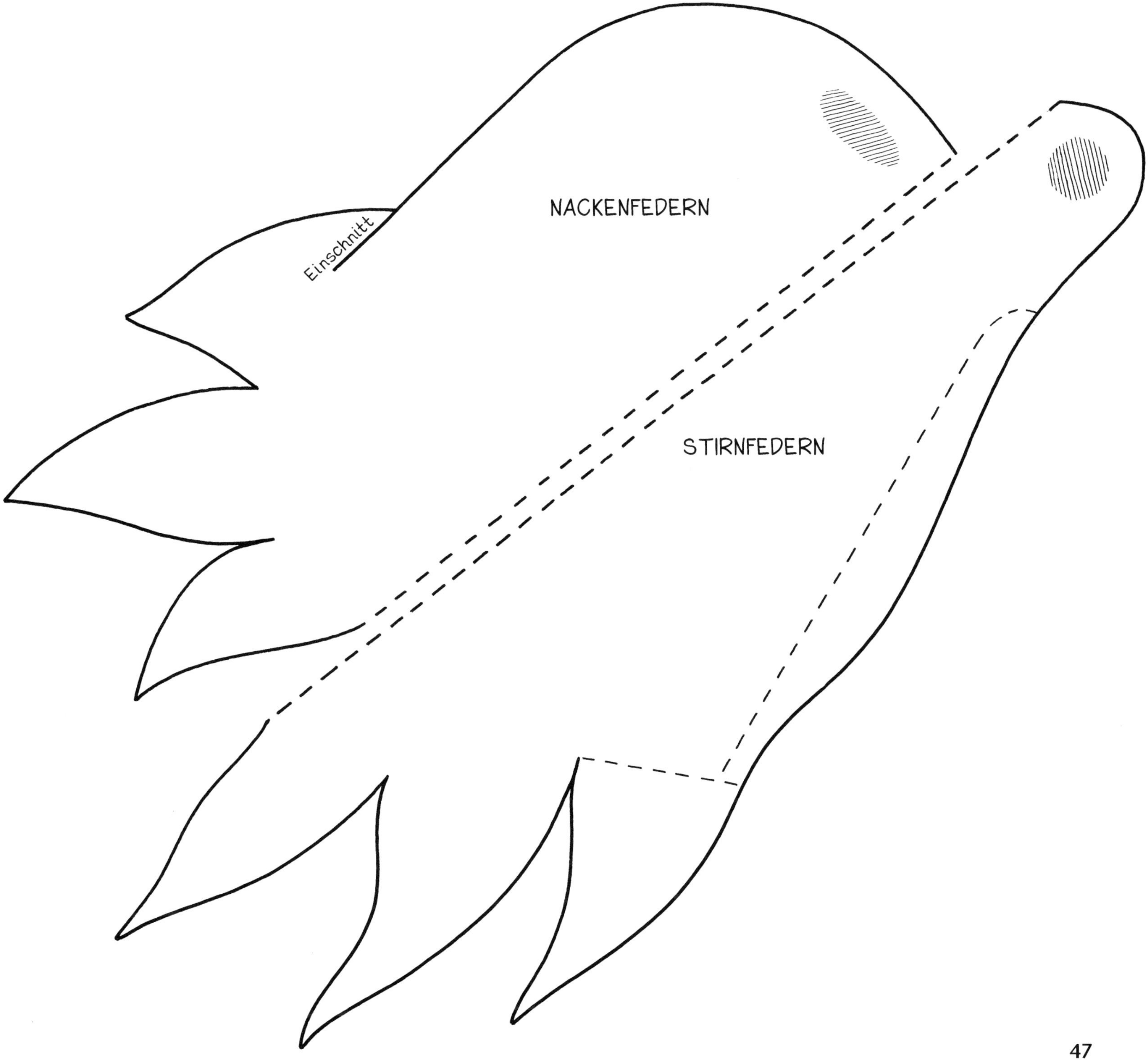
NACKENFEDERN
Einschnitt
STIRNFEDERN

Titel der Originalausgabe: *Vilde dyr masker*
Zuerst veröffentlicht 1999 in Dänemark von Forlaget Klematis A/S (www.klematis.dk)

Deutsche Erstausgabe

Redaktion: Claus Dalby
Layout, Design und Zeichnungen: Marianne Schultz
Übersetzung ins Deutsche: Anni W. Andreas, Soltau
Koordination und Bearbeitung der deutschen Ausgabe: NEUMANN & NÜRNBERGER NAUNHOF GMBH
Umschlaggestaltung: Atelier Lehmacher, Friedberg (Bay.)
Gesamtherstellung: J.P. Himmer GmbH Druckerei und Verlag, Steinerne Furt 95, 86167 Augsburg
Printed in Germany

Dieses Werk wurde vermittelt durch Claudia Böhme Rights and Literary Agency, Hannover
www.agency-boehme.com

ISBN 3-8289-2499-9